BESTACTIVITYBOOKS.COM

PRIMA EDIZIONE 2022

Illustrazione Grafica Extra: www.freepik.com
Grazie a Alekksall, Starline, Pch.vector, Rawpixel.com,
Vectorpocket, Dgim-studio, Upklyak, Macrovector,
Stockgiu, Pikisuperstar & Freepik.com Designers

5 CONSIGLI PER INIZIARE

1) COME RISOLVERE LE PAROLE INTRECCIATTE

I puzzle hanno un formato classico:

- Le parole sono nascoste senza spazi o trattini,...
- Orientamento: Le parole possono essere scritte in avanti, indietro, verso l'alto, verso il basso o in diagonale (possono essere invertite).
- Le parole possono sovrapporsi o intersecarsi.

2) APPRENDIMENTO ATTIVO

Accanto ad ogni parola c'è uno spazio per scrivere la traduzione. Per incoraggiare l'apprendimento attivo, un **DIZIONARIO** alla fine di questa edizione vi permetterà di controllare e ampliare le vostre conoscenze. Cerca e scrivi le traduzioni, trovale nel puzzle e aggiungile al tuo vocabolario!

3) SEGNARE LE PAROLE

Puoi inventare il tuo sistema di segni. Forse ne usi già uno? Per esempio, puoi segnare le parole difficili da trovare con una croce, le parole preferite con una stella, le parole nuove con un triangolo, le parole rare con un diamante, e così via.

4) STRUTTURARE L'APPRENDIMENTO

Questa edizione offre un **TACCUINO** alla fine del libro. In vacanza, in viaggio o a casa, puoi organizzare facilmente le tue nuove conoscenze senza bisogno di un secondo quaderno!

5) AVETE FINITO TUTTE LE GRIGLIE?

Nelle ultime pagine di questo libro, nella sezione della **SFIDA FINALE**, troverete un gioco gratuito!

Facile e veloce! Dai un'occhiata alla nostra collezione di libri di attività per il tuo prossimo momento di divertimento e **apprendimento,** a portata di clic!

Trova la tua prossima sfida su:

BestActivityBooks.com/MioProssimoLibro

Ai vostri posti, pronti...Via!

Sapevi che ci sono circa 7.000 lingue diverse nel mondo? Le parole sono preziose.

Amiamo le lingue e abbiamo lavorato duramente per creare libri di altissima qualità. I nostri ingredienti?

Una selezione di argomenti adatti all'apprendimento, tre buone porzioni di intrattenimento, una cucchiaiata di parole difficili e una spolverata di parole rare. Li serviamo con amore e entusiasmo in modo che tu possa risolvere i migliori giochi di parole e divertirti imparando!

La vostra opinione è essenziale. Puoi partecipare attivamente al successo di questo libro lasciandoci un commento. Ci piacerebbe sapere cosa ti è piaciuto di più di questa edizione.

Ecco un link veloce alla pagina dell'ordine:

BestBooksActivity.com/Recensione50

Grazie per il vostro aiuto e buon divertimento!

Tutta la squadra

1 - Scacchi

```
P  C  S  C  N  R  K  S  A  N  R  V  J  C  U  P
J  A  V  U  N  R  U  T  S  F  Z  K  F  R  E  E
O  R  S  C  N  R  H  N  S  M  H  Ç  K  O  R  S
Z  Y  G  I  U  N  R  A  K  I  P  A  T  K  K  F
C  C  N  G  F  N  G  B  Y  N  J  P  B  D  R  I
R  V  B  F  Q  P  G  R  O  I  K  R  E  N  A  G
T  P  G  K  U  C  N  U  Y  O  S  A  A  G  L  E
O  U  Y  S  R  G  Q  K  G  K  Ü  Z  Ü  T  I  Q
Ş  A  M  P  İ  Y  O  N  D  G  P  E  D  K  Ç  A
E  P  D  J  R  B  L  A  O  S  G  Y  O  D  E  F
K  Y  A  R  I  Ş  M  A  N  K  R  G  G  K  F  E
R  O  G  A  R  G  V  V  B  G  P  S  K  P  U  C
A  Y  D  Q  C  K  M  Y  K  E  M  N  E  R  Ğ  Ö
L  U  S  T  R  A  T  E  J  İ  Y  U  K  A  O  P
N  N  U  L  M  C  O  V  J  R  N  A  M  A  Z  T
I  J  A  O  R  A  L  K  U  L  R  O  Z  S  Z  C
```

RAKIP	ÖĞRENMEK
BEYAZ	KRAL
ŞAMPİYON	KRALIÇE
YARIŞMA	TÜZÜK
ÇAPRAZ	KURBAN
OYUNCU	ZORLUKLAR
OYUN	STRATEJİ
SIYAH	ZAMAN
PASIF	TURNUVA

2 - Salute e Benessere #2

```
M  Q  S  E  U  V  İ  E  F  R  K  Y  H  R  S  G
S  V  C  N  A  K  N  M  B  N  L  C  A  Y  U  F
A  B  L  F  S  D  İ  U  H  H  F  F  S  T  S  T
O  Q  E  E  C  I  M  Z  R  B  L  O  T  Y  U  L
C  K  R  K  I  L  A  T  S  A  H  I  A  Z  Z  L
G  S  J  S  J  R  T  E  Q  F  E  Ş  N  C  L  O
V  O  Y  I  D  I  İ  Y  F  P  D  T  E  F  U  A
F  Z  I  Y  S  H  V  I  Y  S  M  A  Q  S  K  B
L  P  G  O  P  İ  G  D  N  V  V  H  M  A  Q  R
B  F  M  N  P  M  İ  R  İ  D  N  İ  S  Ğ  J  E
V  Ü  C  U  T  O  G  E  N  E  T  İ  K  L  V  H
U  D  D  I  Z  T  A  Ğ  I  R  L  I  K  I  O  K
H  B  M  T  I  A  A  L  E  R  J  İ  B  K  M  M
E  I  J  R  E  N  E  Z  C  K  İ  R  O  L  A  K
I  V  O  T  M  A  S  A  J  Y  F  I  P  I  A  R
B  E  S  L  E  N  M  E  K  H  İ  J  Y  E  N  F
```

ALERJİ	HIJYEN
ANATOMİ	ENFEKSIYON
IŞTAH	HASTALIK
KALORİ	MASAJ
VÜCUT	BESLENME
DIYET	HASTANE
SİNDİRİM	AĞIRLIK
SUSUZLUK	KAN
ENERJI	SAĞLIKLI
GENETİK	VİTAMİNİ

3 - Aggettivi #2

```
Q V F Z Ç N O R M A L J R Z I A
T C J F A R E M H F R P D O A A
C V Y F B R K R G U V D Z M D C
G Ü Ç L Ü F I C D S B O K U R U
Y E N I D T Z F A S E Ğ Q Q R L
Ü A A D E O V I C I T A R A Y Ü
R Ç S G Y J T L A C K L K K S N
E I E Q U K İ T A M A R D U A L
T K R Z L R P A U U D J U Q Ğ Ü
K L E A M I U T C Z E T D J L G
E A T Q U Y F R V B L G H A I Q
N Y N D R Y R C L K H U N Y K B
Z I E M O I D L A U H D D I L G
Q C M N S O T A N T I K E T I F
H I M G N F V M U A O P E Q Z Y
Z D U H Y N Z F N A S T V Q Y Z
```

AÇ	ENTERESAN
KURU	DOĞAL
OTANTIK	NORMAL
YARATICI	YENI
AÇIKLAYICI	GURURLU
TATLI	ÜRETKEN
DRAMATİK	SAF
ZARIF	SORUMLU
ÜNLÜ	TUZLU
GÜÇLÜ	SAĞLIKLI

4 - Ingegneria

```
D  Ö  R  D  M  A  K  İ  N  E  U  E  A  M  M  E
A  J  L  S  V  Y  M  D  H  A  R  E  K  E  T  M
Ğ  Q  I  Ç  D  G  A  E  E  G  R  S  Z  J  R  B
I  P  A  Y  Ü  S  Z  B  D  İ  Y  A  G  R  A  M
T  E  D  F  L  M  O  C  Q  A  V  A  L  O  O  Y
I  J  R  E  N  E  T  C  H  F  L  Q  N  T  Z  C
M  U  B  Z  O  E  S  Z  Z  Q  A  E  F  O  P  K
A  I  O  U  Y  G  S  O  C  Z  Y  Z  H  M  M  U
Ç  J  Y  L  S  D  N  K  I  L  N  I  R  E  D  V
I  D  U  G  A  V  U  D  E  R  J  Q  H  B  G  V
Y  E  T  S  T  Q  H  E  S  A  P  L  A  M  A  E
I  F  L  I  O  Q  Z  Y  C  Z  Q  R  K  T  J  T
J  Ç  A  V  R  V  V  U  I  F  M  S  G  O  Y  J
Z  A  R  I  Y  O  N  Y  I  J  Y  C  L  U  L  Y
M  P  J  P  T  V  H  B  D  L  A  H  B  M  F  Y
S  E  B  A  T  V  C  O  J  P  O  U  J  O  E  G
```

AÇI	KOL
EKSEN	SIVI
HESAPLAMA	MAKİNE
DİYAGRAM	ÖLÇÜM
ÇAP	MOTOR
MAZOT	HAREKET
BOYUTLAR	DERINLIK
DAĞITIM	ROTASYON
ENERJI	SEBAT
KUVVET	YAPI

5 - Archeologia

```
F N O C U K S O S Y Q S E D S A
T A K I M E N S E N M V D M M N
B L K F Q M E Z I G O H B G P A
K Y A M K İ M E D E N I Y E T L
K L L G G K P F D I I U C E H I
I S I A M L U N U T U L M U Ş Z
V N N T E Q L Q N Q K V N S Y
A H T D P R T Ç K L Y Z H U I J
C A I Ö F A J V A E G P P K J Z
C Q T L A Z G N P Ğ H A R R E P
R C N N L E Y B G P H R O C L A
B I L I N M E Y E N H Ç F Q O K
T A P I N A K J J D Y A E S V J
A R A Ş T I R M A C I Y S A A I
G I Q Y R U S U Z M A N Ö P S L
O F O S İ L Z Y V U V A R D K P
```

ANALIZ
MEDENIYET
UNUTULMUŞ
DÖL
ÇAĞ
UZMAN
FOSİL
PARÇA
GIZEM

NESNE
KEMİKLER
PROFESÖR
KALINTI
ARAŞTIRMACI
BILINMEYEN
TAKIM
TAPINAK
MEZAR

6 - Salute e Benessere #1

```
G H Q Y D A Q Q S B K I L Ç A I
G D T P F N İ M S E H L S I N D
H H P K T O R K C M H Q İ Y P B
K Z P D K U E A I Y S M O N U F
A I V A D E T S L Q K E Z E İ I
L Y R M I N K L T B E V B F C K
I Y O I H A A A M A L T A H A R
Ş H T J K Z B R M G F Y K R V E
K O K B C C T Q M B E Ü Q I Z L
A R O T K E E A S F R K Z G N R
N M D H S Ü R İ V T M S D J K İ
L O J D S C A V Q K D E U M Y N
I N C K S M P D P E E K R I I İ
K O N V D D İ C C J Z L U I O S
İ L A Ç U Y Z L O E A I Ş F M D
N O C P J A B Y O D G K I Y R L
```

ALIŞKANLIK	KASLAR
YÜKSEKLIK	SİNİRLER
ETKIN	HORMON
BAKTERİ	CILT
KLİNİK	DURUŞ
AÇLIK	REFLEKS
ECZANE	RAHATLAMA
KIRIK	TERAPİ
İLAÇ	TEDAVI
DOKTOR	VİRÜS

7 - Aggettivi #1

```
D  Ü  R  Ü  S  T  L  N  V  D  U  U  Q  I  K  A
F  V  I  D  L  K  Q  H  I  R  S  L  I  O  O  R
E  S  Ğ  V  R  V  T  L  O  L  J  F  L  C  C  O
M  T  A  A  C  N  T  N  M  J  H  K  R  D  A  M
F  U  K  K  S  G  E  N  Ç  E  A  U  E  Ö  M  A
L  F  T  I  S  C  E  L  U  G  G  S  Ğ  N  A  T
T  D  Y  L  H  O  E  B  Z  H  U  E  E  N  İ
A  Z  Q  Ş  A  V  A  Y  E  O  U  R  D  M  H  K
G  U  M  E  H  K  H  Y  B  T  S  S  L  L  Z  Ü
M  O  D  E  R  N  Y  F  S  I  O  U  P  I  V  Y
C  Ö  M  E  R  T  Z  P  L  K  G  Z  U  L  N  Ü
U  L  M  U  E  Ö  Z  D  E  Ş  H  O  Z  Z  O  B
V  F  I  V  K  N  S  A  N  A  T  S  A  L  E  S
C  K  L  N  F  F  G  N  Z  A  I  N  C  E  U  H
F  M  E  C  D  P  L  I  S  I  F  A  N  E  M  Z
U  Q  C  F  Y  B  G  N  J  M  O  R  F  C  Z  O
```

HIRSLI	ÖZDEŞ
AROMATİK	ÖNEMLI
SANATSAL	YAVAŞ
MUTLAK	UZUN
ETKIN	MODERN
KOCAMAN	DÜRÜST
EGZOTIK	KUSURSUZ
CÖMERT	AĞIR
GENÇ	DEĞERLI
BÜYÜK	INCE

8 - Geologia

```
Z  O  Y  I  K  I  M  Y  J  R  T  Y  N  D  Q  O
D  K  Q  B  D  T  İ  S  A  E  H  V  A  L  Z  S
Y  E  N  E  V  H  N  A  K  L  O  V  C  Y  E  I
P  N  P  R  U  O  E  V  O  L  D  O  R  A  L  M
K  A  O  R  K  U  R  D  Ş  A  T  Y  E  K  İ  A
Z  O  G  E  E  M  A  S  G  T  C  E  M  A  S  R
D  E  U  Z  O  M  L  D  B  S  N  L  U  T  O  A
Y  G  D  Y  R  Z  L  K  B  İ  Z  Q  Y  M  F  Ğ
B  S  D  A  P  O  E  I  Ö  R  F  U  İ  A  P  A
H  U  F  G  G  D  R  T  L  K  U  K  S  N  T  M
K  U  V  A  R  S  L  A  G  J  L  O  L  L  F  Q
D  U  I  B  S  E  V  V  E  N  Q  O  A  Y  G  F
E  R  O  Z  Y  O  N  O  T  S  F  G  K  J  Q  H
U  J  C  T  I  K  R  A  S  M  C  A  N  R  M  D
H  R  A  I  U  A  P  S  T  I  D  S  G  Z  R  E
P  Z  F  T  F  Z  B  Z  Q  C  Q  U  C  T  R  V
```

ASİT
YAYLA
KALSİYUM
MAĞARA
KITA
MERCAN
KRİSTALLER
EROZYON
FOSİL
GAYZER

LAV
MİNERALLER
TAŞ
KUVARS
TUZ
SARKIT
KATMAN
DEPREM
VOLKAN
BÖLGE

9 - Campeggio

```
V N A D Y E O J A J M Y U L K J
C D C R O J R Z G B P J K I A O
A O R B U Ğ K R Z R V F A R B U
S J R L L R A L N A V Y A H İ G
G V Ş M L E T F D L A N M Z N H
S D E V A A İ P A D O O I T K S
I A T R Q N R I D A Ç R B U L J
P Ğ A Y A Ğ A Ç L A R Ş A P K A
K F R L K V H L G Ö L E F I I I
E K E Q U I D E Ğ L E N C E L R
N G C R N S S N F Z P F T T I C
F V A G Y J U Y F J P A B K C E
H A M A K G I P K A N O N D V T
B Ö C E K L Z Q B D E M V D A M
J C Y R T A F J Y C A Y H L V Z
F S V D M R C U I P F M I H K F
```

AĞAÇLAR	EĞLENCE
HAMAK	ORMAN
HAYVANLAR	ATEŞ
MACERA	BÖCEK
PUSULA	GÖL
KABİN	AY
AVCILIK	HARİTA
KANO	DAĞ
ŞAPKA	DOĞA
IP	ÇADIR

10 - Tempo

```
V K T L T J K Ş Q U R V O P N A
C V D E D I V H I Y I L L I K Y
Z E G F V V H Y F M P N P U L J
Y M Q P Ö P M A Ü S D Q G O Q H
R E K Q Ğ L A S F Z O I G A M Z
D U S S L Z V S Y M Y E Q B S Z
L J Z Y E C E G M Z R I C B H Y
J P Y O P N C E H R H B L Q I K
D O N H V Q N A T R V V I Z G C
S O N R A B Ö F R L C V Y O K G
S O Ü H K B D Ü N G E L E C E K
A N G A İ G A A Ü T A K V I M O
A Y U F K J C S G C F J V J J P
T I B T A P H E Q I B I G C T L
C L L A D Z R S J Q N S D V I I
C M E Y B M A J J D Y K E L V B
```

YIL	ÖĞLE
YILLIK	DAKİKA
TAKVIM	AN
ON YIL	GECE
SONRA	BUGÜN
GELECEK	SAAT
GÜN	ŞIMDI
DÜN	ÖNCE
SABAH	YÜZYIL
AY	HAFTA

11 - Astronomia

```
Q M U S T U L U B H G H C V B V
B H G E Ü Z Ü Y K Ö G Z K Y B C
A D Ö K Z P B S F D I R M G P I
L E K İ O O E U O Q J C C T A T
İ N A N D K P R G E Z E G E N A
M A D O Y S L B N E R V E U C K
İ H A K A E F L Z O H T J C N I
K T J S K L T U D A V N L I Y M
E A O Z L E T A Y S D A K L J Y
Ç S C J P T R O E T E M D N C I
R A D Y A S Y O N R G H A A U L
E R A U V D D F S O Z Ö A H D D
Y O P N S Y L U I N R O K T V I
U K A R P O T Y D O T T F S F Z
R E S U E K U F R M C L S C E V
A T V U A C R D L J M Q K A V L
```

ASTRONOT
ASTRONOM
GÖKSEL
GÖKYÜZÜ
TAKIMYILDIZ
EKİNOKS
GÖKADA
YERÇEKİMİ
AY
METEOR

BULUTSU
RASATHANE
GEZEGEN
RADYASYON
ROKET
SÜPERNOVA
TELESKOP
TOPRAK
EVREN
ZODYAK

12 - Algebra

```
G C J S F A Q P J F C U N B Ç B
M E Ü S O B J T A R A M U N İ Ö
C L C H D N H Q O R İ S E K K L
E H Q F İ U S İ R T A M E L A Ü
B D D E Y R M U Ş I L N A Y R M
Y L G Y A O O I Z G C R T V M K
F J C Q G A Q I V C S P O E A P
L A S U R Ğ O D Q V O T B E Z Z
K U K Q A E H F P İ R L T K R M
C R S T M Ü Z Ö Ç Z U C H N L E
B D G A Ö I J O E G N E D K R L
S I F I R R A H U V G R A F İ K
D E Ğ I Ş K E N F O R M Ü L Z N
M J H B A S İ T L E Ş T İ R N E
D D T S D M J V S R V H Y D C D
J B C V T U P B A Q H U O H G D
```

DİYAGRAM
BÖLÜM
DENKLEM
ÜS
YANLIŞ
FAKTÖR
FORMÜL
KESIR
GRAFİK
SONSUZ

DOĞRUSAL
MATRİS
NUMARA
PARANTEZ
SORUN
BASİTLEŞTİR
ÇÖZÜM
ÇIKARMA
DEĞİŞKEN
SIFIR

13 - Mitologia

```
F  Ü  S  Ü  T  L  Ü  R  Ü  G  K  Ö  G  U  N  V
L  V  R  A  V  A  N  A  C  C  J  E  I  N  U  B
U  E  G  S  V  Y  I  T  K  P  S  F  N  Y  M  G
C  Y  J  P  T  A  I  S  E  O  A  S  T  A  U  N
K  Ü  L  T  Ü  R  Ş  L  M  L  T  A  I  R  N  T
Ü  L  Ü  Y  Ü  B  I  Ç  D  F  N  N  K  A  E  K
P  M  H  M  Z  L  U  O  I  I  E  E  A  T  F  A
A  Ü  I  N  A  N  Ç  L  C  F  R  T  M  I  E  H
G  L  U  R  Q  K  M  M  V  S  İ  I  Z  L  L  R
N  Ö  K  T  J  T  J  Q  S  E  B  K  M  I  A  A
K  I  S  K  A  N  Ç  L  I  K  A  Y  B  Ş  K  M
Y  S  Z  R  Z  E  T  Y  L  L  L  Y  P  Y  E  A
J  I  L  E  P  Z  N  Y  A  R  A  T  I  K  T  N
D  A  V  R  A  N  I  Ş  N  N  P  V  H  B  B  H
A  V  I  H  F  Y  S  A  T  O  R  K  A  K  S  Q
K  U  V  V  E  T  Ö  L  Ü  M  S  Ü  Z  L  Ü  K
```

NUMUNE
DAVRANIŞ
YARATIK
YARATILIŞ
INANÇ
KÜLTÜR
FELAKET
KAHRAMAN
KUVVET
YILDIRIM

KISKANÇLIK
SAVAŞÇI
ÖLÜMSÜZLÜK
LABİRENT
EFSANE
BÜYÜLÜ
ÖLÜMLÜ
CANAVAR
GÖK GÜRÜLTÜSÜ
INTIKAM

14 - Piante

```
U  Z  H  F  B  D  H  Z  K  M  G  D  Q  S  H  D
B  Q  E  A  B  M  M  L  M  S  B  J  U  Ü  Y  R
M  O  T  D  B  Y  A  P  R  A  K  P  U  T  E  U
A  P  T  Q  Y  V  A  S  I  A  Ö  P  O  K  Ş  Z
B  D  O  A  H  V  C  A  F  E  K  S  I  A  İ  L
Q  U  F  L  N  A  D  R  V  G  E  N  M  K  L  P
B  C  D  E  H  İ  C  M  E  F  E  N  D  E  L  O
Q  A  B  O  H  Y  K  A  O  N  V  I  G  M  İ  R
V  J  H  F  H  O  Q  Ş  Ç  I  Ç  E  K  Ü  K  M
L  L  Y  Ç  O  S  Z  I  H  L  Z  Y  F  Y  N  A
F  B  H  E  E  U  J  K  K  A  A  L  A  Ü  Q  N
L  D  N  K  L  N  H  M  Z  Ç  Ğ  U  P  B  Z  H
O  G  Ü  B  R  E  H  I  D  K  A  S  S  Q  F  M
R  M  P  G  V  Y  U  O  V  V  Ç  A  K  Q  N  D
A  T  B  J  O  D  H  P  P  M  I  F  A  F  V  Q
B  İ  T  K  İ  Ö  R  T  Ü  S  Ü  P  Y  S  M  C
```

AĞAÇ
DUT
BAMBU
BOTANİK
KAKTÜS
ÇALI
BÜYÜMEK
SARMAŞIK
OT
FASULYE

GÜBRE
ÇİÇEK
FLORA
YEŞİLLİK
ORMAN
BAHÇE
YOSUN
YAPRAK
KÖK
BİTKİ ÖRTÜSÜ

15 - Spezie

```
I  A  K  P  M  E  S  G  Y  R  S  D  N  U  K  L
B  P  R  V  T  D  K  A  S  J  N  Y  S  I  I  C
E  O  M  K  S  P  Ö  Z  R  Q  D  N  Q  I  R  K
N  D  C  K  M  I  R  J  E  I  C  A  Z  F  M  M
O  T  U  Z  M  T  İ  A  E  U  M  I  C  J  I  E
O  N  U  U  V  P  E  E  K  Z  L  S  A  Z  Z  Y
R  B  K  K  Z  V  R  K  C  İ  U  I  A  S  I  A
F  I  F  M  M  U  Y  J  O  K  Ş  Q  Y  K  B  N
O  C  Z  I  C  L  K  R  K  U  I  N  L  F  İ  O
N  O  S  A  N  A  K  A  K  U  L  E  İ  Q  B  Y
A  P  U  K  J  Ç  T  Y  D  E  T  U  N  Ş  E  M
R  E  Z  E  N  E  A  E  J  Z  A  S  A  G  R  İ
F  E  B  L  J  D  R  Q  E  E  T  T  V  E  Y  K
A  I  B  R  Y  R  Ç  Z  E  N  C  E  F  I  L  A
S  D  I  I  A  E  I  C  E  V  İ  Z  S  I  G  D
F  Y  V  V  B  Z  N  P  S  O  Ğ  A  N  S  C  H
```

SARIMSAK	TATLI
ACI	REZENE
ANASON	MEYAN
TARÇIN	CEVİZ
KAKULE	KIRMIZI BİBER
SOĞAN	BIBER
KİŞNİŞ	TUZ
KİMYON	VANİLYA
ZERDEÇAL	SAFRAN
KÖRİ	ZENCEFIL

16 - Numeri

```
Q P J O Z K M O F G K T L D U D
S F E J B F Ç Ü N O M S T G H O
I A B I H O M G L D S Y D U I E
F B C E F F N B U H A A M J V A
I L F S Ş Y İ R M İ Y L Q O E A
R J M K I K U V I T V E I T L A
V Z E Q R F O B I R Q N T K C R
E U N O K 2 N T R Ö D Ü L L H H
K V A N S G I D B D P Ç A S H E
H Z D S Z U K O D N O T N Z K C
Y F L E İ N I B Y O D Z O C Z M
F Q V K K S D J K L T F P S O H
K T C I E U E J Z K Z R Y V G M
O I H Z S Z Y A H U D O K U Z K
B C Y E D İ N K S G L O H M L Q
E C S L D F O J J F S N O A L U
```

BEŞ   DÖRT
ONDALIK   ON ALTI
ON DOKUZ   ALTI
ON YEDI   YEDİ
ONSEKIZ   ÜÇ
ON   ON ÜÇ
ON IKI   BIR
DOKUZ   YIRMI
SEKİZ   SIFIR
ON DÖRT

17 - Cioccolato

```
U  G  T  O  E  O  K  K  K  F  K  Ş  Y  S  E  R
H  S  L  Z  E  O  A  A  J  T  A  E  C  N  G  C
Q  L  N  E  C  V  K  R  Y  V  L  K  U  K  Z  F
B  P  U  Y  P  G  A  A  K  A  I  E  Y  C  O  M
I  R  O  V  A  F  O  M  Z  N  T  R  E  C  T  D
C  Ç  C  H  L  L  Z  E  O  A  E  R  M  P  I  Ö
A  T  E  Y  I  G  J  L  T  D  N  O  E  E  K  Z
K  A  Z  R  J  D  V  O  S  İ  G  A  K  C  T  L
M  A  I  V  I  L  T  A  T  S  A  Z  A  R  A  E
A  A  L  H  O  K  D  M  J  K  R  U  N  T  T  M
Y  U  T  O  N  H  N  Q  D  O  O  Q  S  C  O  K
G  M  E  T  R  P  T  T  E  İ  M  G  J  P  S  A
A  M  Z  K  B  İ  J  R  U  T  A  H  D  B  D  P
K  N  Z  E  S  S  C  Z  S  N  E  Y  V  C  I  R
N  T  E  C  F  D  K  S  N  A  H  M  G  Q  A  J
K  J  L  B  S  H  Z  M  U  G  F  D  V  R  Q  Z
```

ACI	TATLI
ANTİOKSİDAN	EGZOTIK
AROMA	TAT
ZANAAT	IÇERIK
ÖZLEM	YEMEK
KAKAO	TOZ
KALORİ	FAVORI
KARAMEL	KALITE
LEZZETLI	ŞEKER

18 - Guida

```
G B Q E F A R A B A T İ R A H T
A C H M H R K U Y M I C I Z C A
R Z E N P T E L K İ S O T O M Ş
A Y K İ D O K N Y A K I T O A I
J J I Y F B L P L K O P N T J M
I K L E N Ü T İ D E K L S O P A
M H H T J O P E S C R İ R B E C
B O E Z T B Z I H O J S Z Ü S I
P G T Y Y Y A Y A Q Q A H S U L
K N O O H U G E Z K U N M I A I
J U P G R P B O A A R S Q T K K
O L T M C O C K K P C E J R E H
V O L R C R Y K J J U A A A K C
S Q Y H Q Y F V O L R N J F E Y
M H H K V O V G E I O B C İ B B
V D H I U L P J F G M M J K Q A
```

ARABA
OTOBÜS
YAKIT
FRENLER
GARAJ
GAZ
KAZA
LİSANS
HARİTA
MOTOSİKLET

MOTOR
YAYA
TEHLIKE
POLİS
EMNİYET
YOL
TRAFİK
TAŞIMACILIK
TÜNEL
HIZ

19 - Forza e Gravità

```
Y  L  B  L  E  T  N  M  M  H  B  Z  M  S  E  R
O  A  H  V  V  G  A  L  E  K  A  O  E  Ü  V  R
O  V  P  V  V  U  B  Y  R  Q  S  K  K  R  R  H
G  A  C  N  J  K  I  G  K  K  I  C  A  T  E  I
R  E  L  N  E  G  E  Z  E  G  N  C  N  Ü  N  Z
H  A  R  E  K  E  T  Ş  Z  G  Ç  C  İ  N  S  B
U  D  P  L  M  L  Y  M  I  U  N  D  K  M  E  G
E  T  D  N  J  A  Z  R  M  F  K  Ü  Q  E  L  E
K  H  İ  U  N  G  N  S  C  Q  J  H  R  E  Y  N
S  V  N  A  M  A  Z  Y  R  P  G  I  K  Ö  N  I
E  F  A  S  E  M  H  Z  E  O  E  M  K  P  Y  Ş
N  B  M  C  I  F  I  B  S  T  Z  T  K  K  S  L
O  S  İ  H  P  D  C  T  J  B  İ  T  F  D  S  E
C  J  K  İ  Z  İ  F  L  E  Y  D  Z  L  S  O  M
Ö  Z  E  L  L  İ  K  L  E  R  F  Q  M  S  V  E
T  O  J  P  Y  M  Z  K  I  L  R  I  Ğ  A  M  R
```

EKSEN
SÜRTÜNME
MERKEZ
DİNAMİK
MESAFE
GENİŞLEME
FİZİK
MANYETİZMA
MEKANİK
HAREKET

YÖRÜNGE
AĞIRLIK
GEZEGENLER
BASINÇ
ÖZELLİKLER
KEŞIF
ZAMAN
EVRENSEL
HIZ

20 - Uccelli

```
G  J  T  Z  I  V  J  G  R  J  H  A  E  G  K  I
N  I  C  R  E  V  Ü  G  P  E  N  G  U  E  N  B
T  A  V  U  S  D  H  Ö  R  L  D  G  Ğ  Z  B  A
N  A  K  İ  L  E  P  Y  R  K  I  Z  U  O  T  Y
O  E  E  U  L  V  M  Y  Q  D  Q  Q  K  G  Q  G
L  I  L  N  T  E  I  U  J  I  E  V  A  N  U  V
B  A  Y  B  Q  K  U  M  F  C  K  K  R  İ  T  K
B  L  E  D  D  U  T  U  C  T  Y  B  B  M  J  U
G  I  L  K  O  Ş  B  R  F  G  Z  T  M  A  O  V
R  Ç  N  V  A  U  N  T  P  T  C  O  L  L  U  A
L  K  A  R  T  A  L  A  J  I  G  M  N  F  R  T
J  I  Ğ  D  U  L  I  K  I  T  Z  A  K  P  L  S
A  L  A  G  Ü  V  E  R  C  İ  N  R  E  F  J  O
F  A  P  C  U  R  L  T  F  O  S  T  O  T  G  L
Q  B  A  S  E  R  Ç  E  L  C  T  I  R  Q  S  N
C  A  P  S  B  J  E  C  C  H  L  U  H  F  T  F
```

BALIKÇIL
ÖRDEK
KARTAL
LEYLEK
KUĞU
GÜVERCİN
GUGUK
FLAMİNGO
MARTI
KAZ

PAPAĞAN
SERÇE
TAVUS
PELİKAN
GÜVERCIN
PENGUEN
TAVUK
DEVEKUŞU
TUKAN
YUMURTA

21 - Giorni e Mesi

```
O  T  Y  F  M  Q  B  K  O  Q  L  U  V  D  I  B
Q  Ş  A  J  H  E  R  C  Y  S  Q  B  C  H  L  I
M  U  Z  K  D  R  N  M  P  A  Z  A  R  A  V  U
V  B  M  L  V  V  Y  B  J  T  S  S  L  Z  T  O
I  A  S  Q  E  I  M  G  J  G  A  Y  F  I  I  U
M  T  T  N  R  T  M  Q  L  Ü  L  Y  E  R  S  Y
P  U  Y  N  G  H  A  F  T  A  I  N  F  A  E  I
K  A  S  I  M  U  B  M  A  K  E  S  I  N  T  L
I  A  M  O  T  O  M  Z  A  G  Z  Y  E  S  R  D
L  P  C  P  R  S  A  B  P  K  G  V  F  V  A  K
A  C  F  O  E  H  Ş  T  E  M  M  U  Z  B  Z  N
R  C  E  K  I  M  R  Y  Q  M  Z  C  D  K  A  V
A  U  B  B  P  N  A  A  Ğ  U  S  T  O  S  P  D
P  M  O  T  V  A  Ç  C  U  M  A  R  T  E  S  I
E  A  L  N  T  J  J  E  A  D  T  B  Y  Z  U  P
S  B  S  Q  U  D  C  S  E  Q  H  F  N  O  B  L
```

AĞUSTOS	PAZARTESI
YIL	SALI
NISAN	ÇARŞAMBA
TAKVIM	AY
ARALIK	KASIM
PAZAR	EKIM
ŞUBAT	CUMARTESI
OCAK	EYLÜL
HAZIRAN	HAFTA
TEMMUZ	CUMA

22 - Casa

```
Ç A T I K A T I Ç A T I A N S J
Q L V F Z R P Z Q G N Y Z P Ü E
M U S L U K A F T U M A I D P G
S P B B U A N N V D C U E Y Ü A
Ş Ö M İ N E A H P Ü T Ü K R R
F B D G V Ç P B L R N A D B G A
Q J U G T H E M P H Q P R A E J
K O V V S A N A Z R C T S N M H
İ T A P H B C L V E D P S A B M
L K R S Ç H E Q T B M H T S V N
İ B D Y I E R U O A M I L S S K
M Q C K T F E L U N V M N O D A
C D U Ş A B Q S J Y H A E J Y R
S Z A A Q P P F E A B Q N D N Z
K Z U M V K I B J D Z D Y C E K
I F T M S M Z O Y Y K H Q I G H
```

ÇATI KATI
KÜTÜPHANE
ODA
ŞÖMİNE
MUTFAK
DUŞ
PENCERE
GARAJ
BAHÇE
LAMBA

DUVAR
ZEMIN
KAPI
ÇIT
MUSLUK
SÜPÜRGE
TAVAN
AYNA
KİLİM
ÇATI

23 - Fantascienza

```
H  S  T  F  J  Q  F  T  V  J  C  I  I  K  G  G
T  C  E  A  L  J  G  Ü  Y  P  P  L  I  E  E  Ö
S  E  K  N  R  B  Y  V  T  J  A  M  D  H  R  K
Y  F  N  T  G  Z  E  U  G  Ü  A  E  Z  A  Ç  A
T  B  O  A  N  N  L  P  B  P  R  Z  E  N  E  D
D  C  L  S  S  Y  P  V  R  N  U  I  Y  E  K  A
F  V  O  T  A  M  A  L  T  A  P  G  S  T  Ç  K
H  D  J  I  C  A  T  N  R  A  L  P  A  T  İ  K
A  Ü  I  K  I  I  Q  U  I  P  I  F  A  Z  I  L
Y  N  E  U  V  J  H  R  A  L  T  O  B  O  R  K
A  Y  V  Q  A  A  T  E  Ş  Q  S  R  P  V  I  Ü
L  A  A  T  O  M  İ  K  A  O  D  A  R  L  Ş  T
İ  G  E  Z  E  G  E  N  S  K  G  F  M  Y  A  O
B  S  F  G  Y  G  A  B  H  H  D  F  Q  A  U  P
S  E  N  A  R  Y  O  S  İ  N  E  M  A  P  C  Y
I  U  E  A  F  I  F  L  B  Y  E  Z  T  N  Q  A
```

ATOMİK	KİTAPLAR
SİNEMA	GIZEMLI
PATLAMA	DÜNYA
AŞIRI	KEHANET
FANTASTIK	GEZEGEN
ATEŞ	GERÇEKÇİ
FÜTÜRISTIK	ROBOTLAR
GÖKADA	SENARYO
YANILSAMA	TEKNOLOJI
HAYALİ	ÜTOPYA

24 - Città

```
S  Ü  P  E  R  M  A  R  K  E  T  Q  T  R  E  K
F  C  U  D  M  R  O  İ  Ç  K  E  Ç  İ  Ç  C  Ü
J  O  M  P  S  T  I  R  R  İ  Z  E  Y  B  Z  T
S  T  A  D  Y  U  M  E  E  N  Ü  Y  A  J  A  Ü
V  H  M  Z  H  O  Y  L  S  İ  M  B  T  U  N  P
O  K  E  S  A  M  O  A  T  L  O  R  R  J  E  H
I  İ  N  M  L  Ğ  C  G  O  K  O  P  O  G  O  A
M  T  İ  H  C  R  A  I  R  H  Y  K  M  J  P  N
H  A  S  E  G  N  P  M  A  O  V  N  U  V  Z  E
B  P  K  N  Y  A  B  Z  N  Y  H  Z  V  L  N  P
N  Ç  P  J  Q  J  A  P  A  Z  A  R  P  U  Z  S
N  I  R  J  G  I  N  A  M  İ  L  A  V  A  H  L
D  L  S  I  Y  Y  K  I  V  K  E  T  V  P  L  S
C  R  B  S  F  Z  A  N  R  H  T  I  D  P  U  G
C  Y  L  T  O  D  R  B  S  I  O  F  R  M  Z  V
Ü  N  I  V  E  R  S  I  T  E  F  V  R  V  C  U
```

HAVALİMANI	PAZAR
BANKA	MÜZE
KÜTÜPHANE	MAĞAZA
SİNEMA	FIRIN
KLİNİK	RESTORAN
ECZANE	OKUL
ÇİÇEKÇİ	STADYUM
GALERİ	SÜPERMARKET
OTEL	TİYATRO
KİTAPÇI	ÜNIVERSITE

25 - Fattoria #1

```
I D F D U S P Z J G P B N Z A C
Ç R N Q C C I N B Ü Z U C D F K
E B A L P P R D V B Q Z T L U L
K Q S T I Ç I O A R I A A O Q V
Z B P V A G N M S E J Ğ C Y F Z
S M O G G R Ç U U T I I U H A P
A K E D İ T I Z R E G Z C H T S
M E A N N S A M H T L R A E P U
A N V S D F V V M M K I T M A R
N İ J P S B J Q U H L R D G L S
Z N V T E L G J Y K E Ş E A A I
G G S H I D K U S Ü R Ü C G N E
A N L C G N Ö A N C P I N V Q U
T V G V M Y P T G U T O H U M N
U B P T Q H E C Q V F Q U S P A
Z L B H Q L K H R A D R F O U G
```

SU	KEDİ
TARIM	SÜRÜ
ARI	DOMUZ
EŞEK	BAL
ALAN	İNEK
KÖPEK	TAVUK
KEÇI	ÇIT
AT	PIRINÇ
GÜBRE	TOHUM
SAMAN	BUZAĞI

26 - Psicologia

```
F  Y  D  J  U  K  N  S  Q  B  V  A  O  N  K  Ç
F  I  T  E  R  A  P  İ  Y  İ  P  P  Z  J  U  O
N  F  İ  K  İ  R  L  E  R  L  K  H  D  U  T  C
H  Q  R  K  E  L  A  O  Z  İ  L  V  Z  Q  D  U
Ç  E  K  I  Ş  M  E  Z  M  N  U  R  O  S  U  K
N  P  İ  G  I  L  H  I  S  Ç  I  Q  H  G  V  L
R  E  N  L  L  D  R  S  C  A  M  N  T  D  E  U
A  E  İ  A  I  Z  N  Ç  E  L  E  R  S  A  D  K
L  I  L  Q  B  H  J  N  L  T  Q  K  E  V  N  H
U  R  K  E  Z  V  K  I  L  I  Ş  I  K  R  A  R
G  E  G  N  C  L  A  L  F  P  G  U  R  A  R  B
Y  L  L  Q  Y  N  J  I  K  G  C  N  Y  N  J  L
U  İ  I  G  M  U  Ü  B  Y  A  I  J  D  I  L  O
D  K  P  S  S  Q  O  Ş  Z  O  G  P  U  Ş  Q  K
D  T  C  O  D  G  E  R  Ü  Y  B  E  J  P  D  P
G  E  R  Ç  E  K  L  I  K  D  S  L  M  Y  C  Z
```

RANDEVU

KLİNİK

BILIŞ

DAVRANIŞ

ÇEKIŞME

EGO

DUYGULAR

FİKİRLER

BILINÇSIZ

ÇOCUKLUK

ETKİLER

DÜŞÜNCELER

ALGI

KIŞILIK

SORUN

GERÇEKLIK

HIS

BİLİNÇALTI

TERAPİ

27 - Paesaggi

```
L H B J G U O S C Ç L V H D N O
J A S U N A Y K O Ö M U O N N T
T Q K G Z I N E D L E U I L K Y
I U U B V D N I T S K B V Z K F
C J M Y Z O A Ş E L A L E A L T
B U Z U L M Y Ğ A D S O J H D F
N E H I R M A K I L K A T A B I
A C P L O A R G E A Ö T N V G C
K Q L S G Ğ I A C K D G T E P E
L T A S B A M Y M J M V A M L Y
O I J R F R A Z D N Y G D E O Z
V O U G B A D E C I G A A Q Z R
T U N D R A A R K B J A Z F R A
I O M E G R U I R Y O L H V M G
R L A L Y Y V M O G B Z Z L B D
D V A E R D A V K Q D U S R U J
```

ŞELALE	DENIZ
TEPE	DAĞ
ÇÖL	VAHA
NEHIR	OKYANUS
GAYZER	BATAKLIK
BUZUL	YARIMADA
MAĞARA	PLAJ
BUZDAĞI	TUNDRA
ADA	VADI
GÖL	VOLKAN

28 - Energia

```
Y  I  R  T  S  Ü  D  N  E  J  B  R  S  K  U  B
P  E  S  A  O  M  O  I  L  G  J  P  N  I  R  C
B  R  N  I  H  Z  F  G  C  V  J  F  P  R  M  U
U  V  E  İ  J  V  N  B  U  T  S  Z  E  L  I  P
H  E  J  B  L  R  O  T  O  M  K  M  B  I  Y  H
A  Ç  O  G  Z  E  E  V  R  M  N  P  U  L  K  T
R  O  R  O  M  E  N  B  E  N  Z  İ  N  I  H  C
A  Q  D  C  Q  L  O  E  E  P  L  E  J  K  M  F
G  J  İ  I  E  K  B  M  B  N  O  T  O  F  O  I
Z  M  H  I  A  Ü  R  M  K  İ  T  M  A  Z  O  T
Ü  O  T  Z  N  N  A  D  G  H  L  R  L  B  L  H
R  O  N  C  K  N  K  B  A  M  U  İ  O  J  Q  Y
L  E  L  E  K  T  R  İ  K  O  M  A  R  P  A  N
E  L  E  K  T  R  O  N  Y  A  K  I  T  G  İ  A
I  Q  U  T  Z  J  T  Ü  R  B  İ  N  B  H  I  L
N  O  S  M  J  C  N  B  E  U  I  F  B  V  U  C
```

ÇEVRE
PIL
BENZİN
ISI
KARBON
YAKIT
MAZOT
ELEKTRİK
ELEKTRON
ENTROPİ

FOTON
HİDROJEN
ENDÜSTRI
KIRLILIK
MOTOR
NÜKLEER
YENİLENEBİLİR
TÜRBİN
BUHAR
RÜZGAR

29 - Moda

```
J S M Q N Ö F O I Z Z C N K P A
Q F H U A N L E T N A D V J Z R
Y E K M K N Ç V V V G I S F V
K G G F I R A Z Ü T V A N U A H
U I L V Ş I C L G M T B U T İ K
M E T J J C H R V I F U M D O I
A D E S E N Y V U K U V İ O U T
Ş Z C Y M Ü T E V A Z I N K T A
A G N U P P N N H Y L R İ U A R
M O D E R N A O M F N M M Z R P
M V V M H Q R H M C K H A I Z J
F Q J Ğ G U I A A K P U L I S A
M O Y Ü Y O Z S H L P Q İ K Y P
N P N D H I I K O A I U S O B Z
D G Y D D J O H V B T I T I Z Z
T T G L T O Y U R U L V T A A O
```

BUTİK	ASIL
PAHALI	DANTEL
RAHAT	PRATIK
ZARIF	DÜĞME
MİNİMALİST	NAKIŞ
ÖLÇÜM	TARZ
DESEN	AKIM
MODERN	KUMAŞ
MÜTEVAZI	DOKU

30 - L'Azienda

```
E N D Ü S T R I Y O L N I M O B
A N L E N O Y S E F O R P Ş L İ
V J I Q J L M U N U S G N U A R
U B I B I F K N I E Z Q Q J S İ
P F H E M I B C L Ü S S D C I M
L T I Y R C K O I R R E G T L L
U M P O A N G B K E K Ü P I I E
G E L I R R S K Ç L L K N L K R
E O C P A R A B I T I Ü H E P P
Z J Y M K K F T M E T R U R L O
T E C T Z B I L I R D E C L H A
K A Y N A K L A R C H S T E Q L
Y Y N F D S R G I Ü I E A M V R
R İ S K L E R Q T E Z L Y E E T
R V E Y R S K E A K A L I T E C
E D D Z E M M I Y L F M O V C F
```

YARATICI	PROFESYONEL
KARAR	ILERLEME
KÜRESEL	KALITE
ENDÜSTRI	GELIR
YENILIKÇI	ITIBAR
YATIRIM	RİSKLER
IŞ	KAYNAKLAR
OLASILIK	ÜCRETLER
SUNUM	BİRİMLER
ÜRÜN	

31 - Giardino

```
T  J  Z  N  R  N  E  B  S  T  D  T  Q  D  Z  N
C  H  V  V  S  İ  I  U  O  P  T  G  V  I  K  N
P  O  A  H  T  L  L  G  N  P  Z  L  A  Y  M  G
V  R  A  L  T  O  Q  T  O  C  T  T  B  R  D  V
L  T  I  Ç  F  B  L  U  H  B  M  K  A  M  S  A
I  U  D  J  F  M  L  S  Z  A  Q  Ü  H  Q  L  Y
O  M  S  P  N  A  C  T  V  C  D  R  Ç  F  J  G
Y  Z  L  B  I  R  U  N  H  Ç  D  E  E  Y  M  Ö
N  F  Y  T  U  T  O  M  O  F  I  K  T  I  T  L
T  E  R  A  S  T  I  R  M  I  K  Ç  Z  F  M  E
S  H  G  T  I  I  C  H  C  A  B  N  E  I  J  T
Q  C  A  P  O  S  B  M  Q  Ğ  A  E  A  K  Ç  R
J  L  R  V  O  P  N  L  D  A  G  M  A  B  A  Z
H  C  A  D  N  A  R  E  V  Ç  I  I  C  R  L  Y
U  V  J  G  D  D  O  A  M  U  V  Ç  U  Z  I  Q
H  A  M  A  K  P  M  Z  K  I  K  L  G  C  M  K
```

AĞAÇ	VERANDA
HAMAK	TIRMIK
ÇALI	ÇIT
ÇIMEN	GÖLET
OTLAR	TOPRAK
ÇIÇEK	TERAS
GARAJ	TRAMBOLIN
BAHÇE	HORTUM
KÜREK	ASMA
BANK	

32 - Riscaldamento Globale

```
H I B L J Q M U J K R G Z F G Q
R T S B P E Q L E S E R V E Ç R
U A H B S F C U N J U V H L J L
Y D Z A G G Z S M E M Ş I L E G
S B C Z I R K L I E S L N C J L
D I M A D A I A H H V İ H M G N
E N Z L M L V R Y L Ü Z L E H T
R A J T I K F A Z U N K U L F R
I T B M Ş I Y R F N Y P Ü A E S
I G L A B L A A H H I G Y M T R
K E N K A K M S A R K T I K E P
L L Y R C A Y I R T S Ü D N E T
I E S J B C H R N Ü F U S H D V
M C G Y I I F E G G O N F A T H
V E T O P S Y V G B P N B V P U
C K E N E R J I Q N L C B O J R
```

ÇEVRESEL	HÜKÜMET
ARKTIK	ENDÜSTRI
IKLIM	ULUSLARARASI
KRIZ	MEVZUAT
VERI	ŞIMDI
ENERJI	NÜFUS
GELECEK	AZALTMAK
GAZ	GELIŞME
NESİLLER	SICAKLIKLAR

33 - Frutta

```
Y N V N M D D B P S İ P L A F T
S V E E L M A Ö A A V O K A D O
M T A K N P K Ğ P N İ Q K H Z C
N M G S T A B Ü A A K J V R O Y
A S N H P A I R Y N A U R A A Q
B P H M B V R T A A D B I Y O C
Ş Y I G N N Z L J Q L G D U T T
O E N O M İ L E Ü Z Ü M Q D D C
S K F A N U H N N M Y T P U T S
R E A T Z T Z A R I K H U D U H
O R N U A H B P B T K D O U R E
K I M A R L M A N G O E L H U B
G K G S K P I S I Y A K C A N E
K A V U N T N A R M U T J T C R
E R J S T T I D C Z O R H O U J
E V R I U I V F F Y S R Q R V T
```

KAYISI	MANGO
ANANAS	ELMA
TURUNCU	KAVUN
AVOKADO	BÖĞÜRTLEN
DUT	NEKTAR
MUZ	PAPAYA
KIRAZ	ARMUT
KİVİ	ŞEFTALI
AHUDUDU	ERIK
LİMON	ÜZÜM

34 - Fattoria #2

```
M  Z  K  D  H  A  F  S  Y  F  S  I  H  L  A  S
C  I  L  R  S  R  K  U  D  Z  F  I  M  N  R  Z
T  F  S  U  J  T  A  H  N  N  Z  T  H  S  P  Ç
Z  Y  F  I  C  K  O  I  L  E  H  E  F  U  A  I
V  Z  P  I  R  A  L  N  A  V  Y  A  H  L  D  F
Y  E  U  T  I  B  C  R  M  Y  L  K  T  A  I  T
E  Q  U  O  Y  O  A  N  A  E  I  A  R  M  G  Ç
S  K  A  D  A  P  U  H  L  M  M  Z  A  A  S  I
H  E  O  T  Ç  S  C  Q  Ç  O  J  L  K  V  G  A
D  D  K  Y  F  Ü  R  N  M  E  C  A  T  H  Y  Y
R  R  V  A  U  T  F  T  R  A  K  R  Ö  V  Z  R
V  Ö  P  D  Z  N  A  B  O  Ç  O  A  R  Z  E  K
M  I  T  Ğ  U  J  V  V  S  V  H  P  Q  V  I
F  A  V  U  K  T  P  C  Q  S  A  I  F  M  G  A
S  Q  D  B  T  H  H  H  O  G  N  R  C  V  Z  V
F  I  V  G  A  Z  F  J  F  M  T  H  P  G  D  G
```

KUZU	SULAMA
ÇIFTÇI	LAMA
KOVAN	SÜT
ÖRDEK	MISIR
HAYVANLAR	KAZLAR
GIDA	ARPA
AHIR	ÇOBAN
MEYVE	KOYUN
BAHÇE	ÇAYIR
BUĞDAY	TRAKTÖR

35 - Verdure

```
K U C T Y M Y V Q S S N P B M E
S K M A O A M B N A S S H P A N
U A P V B N Y P A T A T E S Y G
Ş N L Z Z T A R C A N A Y E D İ
H A K A S A H U I L E P L T A N
A P L A T R O T L A C L E A N A
V S C G B A H U T S S H Z M O R
U I D M A A L L A O S Z E O Z K
Ç Z V A U M K I P Ğ K E B D A T
S A R I M S A K K A E Y C A D Q
B R O K O L İ C Q N R T P T Y G
R G Z A C A N K B I E I A J J C
J K Q C Q G R Y Y I V N N M T F
U F N I A F T Y O Y İ Y Z U J T
R K F L I F E C N E Z K C K U A
D V N D T B M I D G O R C E N J
```

SARIMSAK	PATATES
BROKOLİ	BEZELYE
ENGİNAR	DOMATES
HAVUÇ	MAYDANOZ
SALATALIK	ŞALGAM
SOĞAN	TURP
MANTAR	KEREVİZ
SALATA	ISPANAK
PATLICAN	ZENCEFİL
ZEYTIN	KABAK

36 - Musica

```
K  Ş  E  R  İ  T  M  İ  K  B  K  O  R  O  P  Q
A  L  A  N  D  Z  İ  K  F  K  A  Y  I  T  A  T
T  H  A  R  S  T  T  R  Q  T  Z  G  R  T  L  T
E  İ  F  S  K  T  İ  R  S  U  R  F  Z  U  S  İ
T  Z  K  D  İ  I  R  D  Q  L  M  L  Q  B  K  K
R  P  N  G  R  K  C  Ü  A  H  E  N  K  J  Q  S
T  L  T  R  İ  E  T  I  M  L  K  E  D  R  R  M
P  R  R  L  L  P  T  A  Ü  A  İ  Y  Y  S  N  I
Ş  İ  İ  R  S  E  L  M  B  K  N  S  I  M  K  H
O  P  E  R  A  S  J  N  L  İ  O  İ  Q  J  J  H
A  D  İ  C  U  Y  N  A  Z  M  Z  T  L  T  F
P  H  V  D  U  B  T  E  L  Ü  R  Ü  E  N  B  B
B  H  D  O  Ğ  A  Ç  L  A  M  A  M  M  G  Z  G
Y  L  H  L  B  J  N  Y  K  S  H  U  P  R  Q  I
Y  Y  A  E  M  İ  K  R  O  F  O  N  O  J  J  L
R  S  D  M  J  K  F  Z  V  P  B  S  S  E  P  I
```

ALBÜM	MÜZİKAL
AHENK	MÜZİSYEN
HARMONİK	OPERA
ŞARKICI	ŞİİRSEL
KLASİK	KAYIT
KORO	RİTMİK
DOĞAÇLAMA	RİTİM
LİRİK	ENSTRÜMAN
MELODİ	TEMPO
MİKROFON	VOKAL

37 - Barbecue

```
P  Y  E  H  K  U  G  V  O  Q  S  R  L  T  D  S
O  Z  T  F  G  A  H  G  T  Z  T  C  K  A  O  A
O  H  A  E  T  D  V  Y  R  V  D  V  Y  V  M  L
G  H  R  E  B  I  B  L  A  P  S  V  P  U  A  A
Z  K  A  R  A  G  Z  I  A  M  L  O  A  K  T  T
R  E  L  E  Z  B  E  S  U  O  M  R  M  I  E  A
N  O  K  A  C  I  S  O  S  R  J  G  Q  L  S  L
D  Z  U  K  Q  T  E  V  A  D  T  U  Z  Ç  L  A
S  S  C  V  H  F  L  V  J  V  P  Z  Z  A  E  R
D  J  O  L  E  I  I  H  Y  C  U  L  T  O  R  A
C  G  Ç  Ğ  T  J  A  G  M  E  Y  D  T  Y  F  L
Y  M  G  U  A  Z  D  U  U  G  M  R  C  R  Z  N
B  I  Ç  A  K  N  P  J  N  F  M  Ü  V  P  K  U
H  R  M  N  A  F  J  U  Z  H  C  D  Z  H  I  Y
P  Y  G  Z  M  A  C  M  M  Q  L  M  A  I  O  O
J  F  D  P  Q  A  H  I  F  U  M  F  Y  U  K  H
```

ÇOCUKLAR	IZGARA
SICAK	SALATALAR
GIDA	DAVET
SOĞAN	MÜZIK
BIÇAK	BIBER
YAZ	TAVUK
AÇLIK	DOMATESLER
AILE	TUZ
MEYVE	SOS
OYUNLAR	SEBZELER

38 - Riempire

```
H V K U U S Q K Z G O V K R L P
S K A R T O N I O A T D Ü N U A
F R T Z U J T D O V R S V F N K
G Q N T K P K N Z O A F E S Y E
Y V A Ş I Ş A D T R E T C F T
L E Ç P I H I S P E T G T E S O
C S C E R S K F P M N Q I I Y C
K L A S Ö R I Ç I F V K F R G B
R U H A V Z A M E T T I L H K D
F V F J R T P B G K J K H Z V H
C A V A Z O E G G Z M C E P I Z
Y B C N T S V O Y H I E K E U O
E U E M L B E Z Y E U P C L Y G
H I G N U L A T D Y H V J E I E
L U O N K I D Ü U O S K U N L P
R T O S R A A P V H A V V V Z L
```

HAVZA	PAKET
FIÇI	KUTU
ÇANTA	KOVA
ŞİŞE	CEP
ZARF	TÜP
KLASÖR	BAVUL
KARTON	KÜVET
SANDIK	VAZO
ÇEKMECE	TEPSI
SEPET	

39 - Insetti

```
E  L  R  H  C  Z  C  D  İ  D  K  A  R  P  A  Y
S  I  V  R  I  S  I  N  E  K  E  G  Ü  V  E  V
M  A  N  T  I  S  E  T  C  Q  Ç  G  C  P  J  Y
K  K  S  Z  R  A  O  F  L  F  İ  E  U  T  G  A
E  A  L  L  A  I  Ğ  E  C  Ö  B  R  U  Ğ  U  B
L  R  A  S  O  L  U  C  A  N  O  P  F  C  G  A
E  I  R  Y  B  S  Q  Q  J  E  Y  İ  C  P  D  N
B  N  V  Y  U  Ö  İ  C  D  G  N  R  C  L  Ç  A
E  C  A  O  B  S  C  V  K  I  U  E  O  V  E  R
K  A  U  H  O  N  U  E  R  M  Z  U  U  M  K  I
K  O  Q  P  Y  R  E  F  K  İ  U  F  Q  J  İ  S
B  L  O  Z  D  M  T  G  Ç  H  S  Y  B  T  R  I
K  Y  Z  U  K  E  Y  D  U  U  L  İ  T  K  G  N
O  F  M  I  S  Y  F  B  T  A  K  V  N  D  E  Z
T  E  R  M  İ  T  E  R  Y  Y  Q  R  O  E  J  I
A  Ğ  U  S  T  O  S  B  Ö  C  E  Ğ  İ  O  K  N
```

YAPRAKDİD	KEÇİBOYNUZU
ARI	MANTIS
ÇEKİRGE	SİVRİSİNEK
AĞUSTOSBÖCEĞİ	PİRE
UĞUR BÖCEĞİ	BÖCEK
GÜVE	TERMİT
KELEBEK	SOLUCAN
KARINCA	YABAN ARISI
LARVA	SIVRISINEK
YUSUFÇUK	

40 - Fisica

```
E J E B L G G Q M M L N U L A Y
V I M P Ü E Ö S B A S Ü U B M E
R T D L K N R Č H N H K E R Z R
E C H Ü E I E G A Z P L L İ Ç
N P G K L Ş L K O H E E I T E
S R L İ O L I K N A O E K L E K
E Q F T M E L H I C F R T D Y İ
L Y U R I M I S Z S O M R A N M
F E C A Z E K H I Z R B O N A İ
L E E P M O T A M H M E N M M H
Z N K U L N U Ğ O Y Ü J M V E K
Z P C O Q I A M P N L I G G K A
K I M Y A S A L O F A Z D Z A B
G Q B N Y O C K Z T B B F L N P
O V U E E A D N V I O G Q E İ K
I P Y U S K E G Y B H R R S K V
```

HIZLANMA	YERÇEKİMİ
ATOM	MANYETİZMA
KAOS	MEKANİK
KIMYASAL	MOLEKÜL
YOĞUNLUK	MOTOR
ELEKTRON	NÜKLEER
GENİŞLEME	PARTİKÜL
FORMÜL	GÖRELILIK
SIKLIK	EVRENSEL
GAZ	HIZ

41 - Agronomia

```
R M B E G A Y H Q K F T G B K C
H N İ D T R A A Y I J G U I I H
L U T J I A Y O P L S I Y L R M
R Y K C O Ş F U H I Y D K I S E
J K İ L L T Q N O L M A P M A H
E C L E M I R A T R E U D B L V
E N E I G R A L K I L A T S A H
R K R M S M O B U K I A T I F R
V A O H M A U S E R O Z Y O N E
E R H L C U Q H M Q G Ü B R E N
Ç P E U O R I V O N M T K V M E
P O B P U J E J B T R J C S Ü R
R T D O G C İ K J N J F I J Y J
O R G A N İ K O K U M A K N Ü I
N M F C D T L L J Q S P T A B K
C E P K L I C V H U S R P O V Y
```

SU
TARIM
ÇEVRE
GIDA
BÜYÜME
EKOLOJİ
ENERJI
EROZYON
GÜBRE
KIRLILIK

HASTALIKLAR
ORGANIK
BİTKİLER
YAPIM
ARAŞTIRMA
KIRSAL
BILIM
TOHUM
OKUMAK
TOPRAK

42 - Erboristeria

```
N T A Q B S C K N P C M I T J O
A D F K G A N G S B Y E P Q V K
L U T O E R E D G B A P U F V S
A O I Q K I R E Ç I K T I B N V
F G N M R M E N E Z E R P K E N
E N C E S S D A B İ B E R İ Y E
H L U R A A S N K A L I T E L Ğ
K Y M C F K M Y Y K I Ç T O Q E
M S L A R A A P Z Ş I J G N L
L Y Z N A F I Z Y Q E Ç H A B S
P U V K N T M C J D Y E Y L A E
B B Y Ö N U H R A T A K H V F F
C F F Ş R M K E K İ K N K U H E
V J B K L A V A N T A F O K E K
O L N M A O J Z Z A G Z N Z L H
A R O M A T İ K D E C I H L A E
```

SARIMSAK
DEREOTU
AROMATİK
FESLEĞEN
MUTFAK
TARHUN
REZENE
ÇİÇEK
BAHÇE
IÇERIK

LAVANTA
MERCANKÖŞK
NANE
BITKI
MAYDANOZ
KALITE
BİBERİYE
KEKİK
YEŞIL
SAFRAN

43 - Danza

```
P  G  P  J  O  L  V  M  T  A  V  D  Z  M  N  A
R  A  E  Z  K  I  Z  Ü  M  B  O  U  A  F  K  T
O  N  D  L  F  C  A  I  C  U  F  Y  R  G  Ü  S
V  H  J  L  E  Z  U  C  L  U  K  G  L  K  L  A
A  A  A  E  P  N  G  G  Z  D  T  U  I  F  T  N
G  N  E  R  M  H  E  O  C  G  F  D  D  J  Ü  A
Q  L  L  Ü  E  V  O  K  Z  Ş  U  R  U  D  R  T
D  A  Y  T  I  K  M  G  S  S  T  C  P  D  C  K
B  M  C  L  G  E  E  I  A  E  Ü  E  Q  V  R  N
K  L  C  Ü  V  K  Y  T  V  Z  L  D  I  S  N  N
S  I  B  K  P  P  R  İ  T  İ  M  H  N  T  J  H
A  K  A  D  E  M  İ  J  B  E  V  O  O  S  S  J
K  O  R  E  O  G  R  A  F  İ  P  R  V  L  L  T
G  Ö  R  S  E  L  P  Z  T  F  A  T  I  N  A  E
N  E  Ş  E  L  I  H  V  Y  B  I  A  Y  H  L  D
A  L  K  L  A  S  İ  K  H  T  E  K  J  J  U  F
```

AKADEMİ
SANAT
KLASİK
ORTAK
KOREOGRAFİ
VÜCUT
KÜLTÜR
KÜLTÜREL
DUYGU
ANLAMLI

NEŞELI
LÜTUF
HAREKET
MÜZIK
DURUŞ
PROVA
RİTİM
GELENEKSEL
GÖRSEL

44 - Biologia

```
E  R  B  V  N  F  D  K  A  Q  T  T  T  İ  B  Z
N  H  K  L  Q  M  O  Z  O  M  O  R  K  U  L  J
Z  Ü  F  D  B  I  Ğ  U  S  L  P  R  Q  G  E  G
İ  C  G  I  J  Y  A  O  O  N  A  M  L  B  V  N
M  R  P  Y  R  İ  L  E  M  E  M  J  Z  E  R  Ö
A  E  U  İ  N  T  U  E  Z  B  S  R  E  J  I  R
Y  N  G  R  O  Y  M  U  O  Z  Q  L  T  N  M  O
E  N  A  E  M  B  R  İ  Y  O  K  K  N  İ  M  N
E  L  U  T  R  M  E  O  P  D  V  E  E  E  O  N
S  S  Z  K  O  D  A  K  Z  I  D  J  S  T  B  H
P  I  O  A  H  M  K  Q  B  P  A  S  O  O  Z  P
A  Y  N  B  J  L  İ  I  Q  J  R  U  T  R  T  N
N  E  U  I  O  F  Y  A  N  L  V  I  O  P  N  D
İ  P  O  C  R  K  E  M  K  A  L  C  F  S  R  V
S  Y  M  B  İ  O  S  İ  S  R  S  G  A  T  L  G
S  Ü  R  Ü  N  G  E  N  O  Y  S  A  T  U  M  N
```

ANATOMİ
BAKTERİ
HÜCRE
KOLAJEN
KROMOZOM
EMBRİYO
ENZİM
EVRIM
FOTOSENTEZ
MEMELİ

MUTASYON
DOĞAL
SINIR
NÖRON
HORMON
OZMOS
PROTEİN
SÜRÜNGEN
SYMBİOSİS
SİNAPS

45 - Attività Commerciale

```
K  T  E  B  B  B  Y  H  E  P  E  D  G  E  G  K
Y  G  V  J  I  Y  A  M  Y  P  U  N  O  S  E  D
S  A  T  I  Ş  B  T  N  P  I  P  G  R  J  L  O
A  D  T  M  Q  S  I  I  Ş  V  E  R  E  N  I  C
M  I  J  E  Z  P  R  A  H  V  Z  R  S  Z  R  N
C  F  D  Ç  K  A  I  T  G  M  E  O  F  J  J  O
Y  O  R  T  P  R  M  E  L  Ş  I  T  N  S  K  Y
Z  D  A  Ü  K  A  I  K  A  R  I  Y  E  R  Â  D
İ  F  Y  B  C  B  R  Ş  M  R  I  Z  M  R  R  N
M  I  T  T  G  İ  I  I  A  F  H  V  J  Y  U  Y
O  A  B  R  S  R  D  G  H  Q  Q  D  E  I  M  C
N  N  L  I  T  İ  N  A  Ş  I  L  A  Ç  R  G  R
O  M  M  I  K  M  I  D  Ü  K  K  A  N  P  G  S
K  U  M  G  Y  İ  F  A  B  R  I  K  A  A  A  İ
E  P  E  M  F  E  S  D  V  B  H  R  E  R  M  F
J  N  D  Z  G  P  T  Z  Z  S  Y  U  Y  A  L  O
```

BÜTÇE	KÂR
KARIYER	GELIR
MALIYET	INDIRIM
IŞVEREN	ŞIRKET
ÇALIŞAN	PARA
EKONOMİ	VERGİ
FABRIKA	IŞLEM
YATIRIM	OFİS
MAL	PARA BİRIMİ
DÜKKAN	SATIŞ

46 - Fiori

```
J  Ş  A  H  Ş  A  H  I  Y  V  H  F  S  Y  Q  M
Y  B  İ  Y  Ç  A  R  K  I  F  E  L  E  K  Q  D
A  O  R  S  Ç  T  Q  I  M  P  A  P  A  T  Y  A
I  V  E  K  N  İ  M  E  S  A  Y  J  N  D  G  C
E  C  M  Y  G  M  Ç  O  R  K  İ  D  E  K  C  N
V  I  U  F  G  G  B  E  O  S  Q  J  L  Y  R  O
B  L  L  Ü  G  E  A  H  Ğ  F  B  G  A  K  F  Y
L  U  P  Y  L  Y  B  P  M  İ  P  P  L  L  V  E
E  G  K  R  S  A  J  E  G  A  R  D  E  N  Y  A
Y  H  İ  E  Z  P  K  L  G  Z  A  M  B  A  K  D
L  E  Y  K  T  R  A  A  B  Ü  N  E  R  G  İ  S
A  P  A  E  T  A  I  V  K  K  M  G  N  Q  C  A
K  V  K  M  L  K  O  A  Y  I  O  E  I  K  D  E
K  B  A  Q  N  H  V  N  U  Y  S  F  C  A  P  K
P  V  Ş  I  M  M  I  T  U  E  V  R  E  İ  H  P
M  H  G  B  L  J  A  A  Y  L  O  N  A  M  K  V
```

GARDENYA	NERGİS
YASEMİN	ORKİDE
ZAMBAK	HAŞHAŞ
AYÇİÇEĞİ	ÇARKIFELEK
EBEGÜMECİ	ŞAKAYIK
LAVANTA	YAPRAK
LEYLAK	PLUMERIA
MANOLYA	GÜL
PAPATYA	YONCA
BUKET	LALE

47 - Discipline Scientifiche

```
N  S  U  M  Q  A  Y  M  I  K  O  E  Y  I  B  B
Q  O  O  N  G  N  M  E  D  P  Z  Y  K  O  G  Z
E  S  K  İ  M  A  N  İ  D  O  M  R  E  T  V  S
A  Y  P  A  J  T  Z  O  O  L  O  J  İ  G  R  C
V  O  K  İ  J  O  L  A  R  E  N  İ  M  R  J  N
J  L  L  İ  F  M  L  B  İ  Y  O  K  İ  M  Y  A
R  O  C  J  İ  İ  J  O  L  O  Y  Z  İ  F  N  T
U  J  T  O  J  E  V  D  N  J  A  Y  G  Y  E  B
C  İ  F  L  O  R  F  D  F  Ü  Y  S  D  U  K  O
B  İ  J  O  L  O  K  İ  S  P  M  Z  Y  Z  O  T
A  S  T  R  O  N  O  M  İ  F  P  M  T  S  L  A
R  D  U  O  E  M  E  K  A  N  İ  K  İ  G  O  N
N  H  D  E  J  A  B  İ  Y  O  L  O  J  İ  J  İ
E  G  C  T  A  R  K  E  O  L  O  J  İ  T  İ  K
Z  K  G  E  F  D  İ  L  B  İ  L  İ  M  P  I  B
O  R  U  M  D  N  Ö  R  O  L  O  J  İ  K  M  C
```

ANATOMİ	İMMÜNOLOJİ
ARKEOLOJİ	DİLBİLİM
ASTRONOMİ	MEKANİK
BİYOKİMYA	METEOROLOJİ
BİYOLOJİ	MİNERALOJİ
BOTANİK	NÖROLOJİ
KIMYA	PSİKOLOJİ
EKOLOJİ	SOSYOLOJİ
FİZYOLOJİ	TERMODİNAMİK
JEOLOJİ	ZOOLOJİ

48 - Scienza

```
L Ü K E L O M E T N Ö Y E N E D
İ A A T O M E H J V V D I O H S
S A B F U J L P D Y Y İ A C I O
O H Q O D N Z G Z V K M Y E P T
F P C I R D Ö A O L O İ U V O J
P Z A Q M A G R O Q T K V R T D
B A M M L P T G E R Ç E K I E O
I T R Z A M E U D P P Ç S M Z Ğ
B K B Ç S S P H V K K R R F M A
İ Z L F A R E L L A R E N İ M U
T Y Z I Y C C H Q P R Y A Z P Z
K K J H M Z I K D D U F N İ Q R
İ R B Y I U H K D Y B V I K G P
L C B G K R Y V L M G E L A N Y
E I I R A M Z İ N A G R O O B D
R H R N F P G Y N A R I P C H U
```

ATOM
KIMYASAL
IKLIM
VERI
DENEY
EVRIM
GERÇEK
FİZİK
FOSİL
YERÇEKİMİ

HIPOTEZ
LABORATUVAR
YÖNTEM
MİNERALLER
MOLEKÜL
DOĞA
ORGANİZMA
GÖZLEM
PARÇACIKLAR
BİTKİLER

49 - Boxe

```
B  B  K  P  I  Ç  Ş  A  V  A  S  T  R  L  D  R
Y  E  Ş  Ö  K  E  U  Y  K  H  F  M  Z  K  V  U
V  V  C  K  T  N  N  P  H  E  S  Z  Q  U  D  M
P  L  E  E  D  E  T  G  Q  N  Y  A  K  L  T  K
Y  I  L  L  R  P  A  L  K  G  A  R  D  Q  Z  Z
O  Y  E  B  S  I  L  Z  I  H  Q  F  Z  L  S  A
S  V  V  M  Z  K  A  D  O  V  K  U  R  M  U  Y
D  A  I  Y  E  A  H  N  I  G  U  R  L  O  I  Y
H  I  M  G  J  R  E  L  N  E  V  I  D  L  E  O
A  M  R  A  T  R  U  K  M  O  V  V  A  Y  V  R
K  V  L  S  U  D  Y  E  Z  P  E  N  Ü  T  S  G
E  G  O  E  E  M  D  R  D  Z  T  O  M  C  U  U
M  P  E  G  S  K  E  O  B  I  R  F  U  T  U  N
F  K  U  U  Y  K  A  A  I  L  S  N  P  V  H  T
T  E  K  M  E  L  E  M  E  K  Q  A  O  N  Z  V
R  T  L  Z  Y  F  E  V  B  P  Z  O  R  M  K  B
```

BECERI	YORGUN
KÖŞE	KUVVET
HAKEM	ODAK
RAKIP	DIRSEK
TEKMELEMEK	ELDIVENLER
ZIL	ÇENE
SAVAŞÇI	YUMRUK
HALAT	HIZLI
VÜCUT	KURTARMA

50 - Imbarcazioni

```
H  G  Ş  D  A  O  L  G  E  C  M  O  M  D  M  S
P  E  A  H  T  O  Y  U  F  İ  B  N  O  E  Ü  Z
Z  T  M  C  L  M  C  F  O  R  A  A  A  N  R  T
A  İ  A  D  A  M  D  İ  R  E  K  T  B  İ  E  D
Y  J  N  O  E  O  S  A  L  B  V  R  T  Z  T  A
V  Y  D  E  G  T  D  C  V  Z  P  S  İ  C  T  L
S  K  I  R  D  O  F  R  T  U  I  U  G  İ  E  G
Ç  B  R  N  E  R  Y  E  L  K  E  N  L  İ  B  A
F  A  A  İ  N  J  M  E  Ö  U  Q  A  E  I  A  L
F  U  P  H  İ  A  P  D  G  Q  O  Y  G  D  T  A
B  I  K  A  Z  K  L  G  T  O  G  K  U  J  O  R
H  M  V  G  C  K  A  N  O  R  A  O  Z  T  B  A
M  Y  Q  U  İ  N  E  H  İ  R  E  H  T  F  İ  A
T  T  Y  B  L  R  V  Z  L  I  L  Q  J  L  R  Y
S  D  A  C  İ  P  R  U  C  Y  A  R  R  Q  E  N
M  O  T  S  K  G  C  C  P  I  C  B  R  Y  F  K
```

DİREK	GELGIT
ÇAPA	DENİZCİ
YELKENLİ	DENİZCİLİK
ŞAMANDIRA	MOTOR
KANO	DENİZ
IP	OKYANUS
MÜRETTEBAT	DALGALAR
NEHIR	FERİBOT
GÖL	YAT
DENIZ	SAL

51 - Chimica

```
K E I M A S H Y C F A M Y Z S T
R A I O I Ğ J R E E L K Ü N L K
V I R S B E I M L Ü K E L O M K
I F M B I T G R N R A C M Y B I
K L O R O C A A L H L O T İ S A
G G R G T N R Z Y I İ L Q Z P G
C I S R Q P T D D H K S Z N B G
F K I Z G O A T O M İ K N S L U
O F V S J R Ö Z İ L A T A K M J
J I I G B G E L E K T R O N V Z
L J E C C A J M M T E B D N B D
K M O K N N E J İ S K O J N T K
J I O Y G İ I Z A G V N Y U P
U N Z G K K V D N T S D T Y Z G
H İ D R O J E N E R H G U Q Z V
M N R A I S I C A K L I K V N K
```

ASİT	HİDROJEN
ALKALİ	İYON
ATOMİK	SIVI
ISI	MOLEKÜL
KARBON	NÜKLEER
KATALİZÖR	ORGANİK
KLOR	OKSİJEN
ELEKTRON	AĞIRLIK
ENZİM	TUZ
GAZ	SICAKLIK

52 - Api

```
G  Z  U  L  İ  B  D  K  F  O  U  Ç  T  Z  Z  A
Ü  O  B  B  Y  İ  O  A  A  E  E  E  T  G  M  Q
N  S  G  R  J  T  P  N  Y  E  Ş  P  S  H  H  K
E  C  O  N  Z  K  S  A  D  I  G  I  S  N  A  O
Ş  O  M  K  C  İ  H  T  A  D  G  T  Z  B  Q  O
B  Ö  C  E  K  L  G  L  L  G  K  L  G  A  Y  B
M  İ  M  S  S  E  L  A  İ  H  B  İ  L  L  Y  B
C  J  E  Ü  Z  R  C  R  Z  Z  U  L  Z  B  Y  K
V  Z  Y  R  İ  E  H  E  Y  L  Y  İ  H  F  E  O
U  U  V  Ü  K  R  A  L  İ  Ç  E  K  H  T  P  V
T  M  E  H  K  B  G  K  T  C  C  M  J  I  A  A
D  U  M  A  N  K  T  E  C  M  Ç  İ  Ç  E  K  N
A  M  L  B  E  H  I  Ç  R  İ  E  P  M  Ç  H  E
L  L  S  T  E  C  D  İ  H  V  O  Y  U  H  M  L
R  A  T  R  M  V  P  Ç  R  M  Q  I  E  A  M  O
E  B  E  K  O  S  İ  S  T  E  M  J  B  B  L  P
```

KANATLAR   DUMAN
KOVAN   BAHÇE
FAYDALI   BÖCEK
BALMUMU   BAL
GIDA   BİTKİLER
ÇEŞİTLİLİK   POLEN
EKOSİSTEM   KRALİÇE
ÇİÇEKLER   SÜRÜ
ÇİÇEK   GÜNEŞ
MEYVE

53 - Strumenti Musicali

```
I  N  J  K  B  M  U  H  D  H  M  Y  A  S  K  M
L  T  O  L  V  U  R  M  A  A  S  N  B  A  J  J
O  A  B  A  B  M  İ  R  A  M  V  T  Y  K  R  Z
C  L  P  R  A  R  E  Q  O  D  Y  U  I  S  O  B
B  Y  G  N  O  G  B  A  P  O  J  A  L  A  G  Y
N  A  M  E  K  T  S  Y  O  H  U  Y  J  F  E  T
R  R  N  T  E  P  M  O  R  T  L  J  Y  O  G  Q
H  G  F  Ç  T  B  J  C  A  Ü  K  H  Z  N  P  S
J  S  S  I  O  T  K  N  T  L  T  H  R  E  C  N
B  A  G  E  T  Y  R  S  İ  F  B  J  M  V  O  A
O  A  D  C  T  J  T  O  G  A  F  O  B  U  A  Y
S  Y  Y  I  C  L  S  N  M  R  B  K  C  N  L  M
E  I  B  T  R  C  M  A  R  B  Z  F  B  M  M  U
G  F  B  D  T  V  H  Y  R  K  O  L  L  E  Ç  I
A  J  Q  J  Q  Z  N  İ  L  O  D  N  A  M  N  U
V  F  L  N  Q  O  H  P  V  K  Q  L  L  A  B  M
```

ARP	OBUA
BAGET	VURMA
BANÇO	PİYANO
GİTAR	SAKSAFON
KLARNET	TEF
FAGOT	DAVUL
FLÜT	TROMPET
GONG	TROMBON
MANDOLİN	KEMAN
MARİMBA	ÇELLO

54 - Professioni #2

```
D E A T Z Q A M F İ T K E D E D
O C R E Z I Ç D H İ F P O F E İ
K J A S F R G I S B L C Z R N L
T I Ş Q D L V Ş L O C O C R P B
O B T C S A H Ç O B C V Z O I İ
R V I E N A V I Ç H A B Ö O Ç L
S A R R O U K K M N A M Ğ G F İ
S E M R A S T R O N O T R A A M
U N A A B N S K U Y B O E Z R C
S A C H I İ Z A C U F L T E Ğ İ
L H I R E M Y U Q Q U İ M T O C
Y P M J G C A O T R N P E E T S
M Ü H E N D I S L C V G N C O Z
J T I C U M O U S O J P M I F F
K Ü P S P J G I U E G O L O O Z
A K H A P O J T T T R C D L J V
```

ASTRONOT
KÜTÜPHANE
BİYOLOG
CERRAH
DIŞÇI
DEDEKTİF
FİLOZOF
FOTOĞRAFÇI
BAHÇIVAN
GAZETECI

ÇIZER
MÜHENDIS
ÖĞRETMEN
MUCIT
DİLBİLİMCİ
DOKTOR
PİLOT
RESSAM
ARAŞTIRMACI
ZOOLOG

55 - Letteratura

```
Y Q B Q J S Q B U G F E H K K U
I I G T C C V K P S Q İ Z K I S
S C V A Q U O Q O D D J Y J J
G P K M V M O I A I N E B F D H
B I R R T L T B N N B J K R K O
İ Ç J İ E B Z M Z L T A R Z M T
Y U R T K E Y I F A K R J Ş H Z
O N J Ş H Y V N H N C T N İ Z T
G O L A Y İ D A M E K E Y I Y A
R S E L G R L T E K S L M R A N
A L S I H Ö M Q H D V A O F Z A
F A R Ş B K R İ J O L A N A A L
İ İ İ R R Y R Ü T T D N A R R I
I V İ A T E M A Ş İ Z V M P F Z
I B Ş K J R G Z V R R P O Z I G
S J A U J K L T E R M H R G B Z
```

ANALIZ
ANALOJİ
ANEKDOT
YAZAR
BİYOGRAFİ
SONUÇ
KARŞILAŞTIRMA
TANIM
DİYALOG
TÜR

MECAZ
GÖRÜŞ
ŞIIR
ŞİİRSEL
KAFIYE
RİTİM
ROMAN
TARZ
TEMA
TRAJEDİ

56 - Cibo #2

```
M U M S G U Z P P M Z E U H S F
N D D K U V A T I S F L J J N U
J A F I Z İ V E R E K S D T C C
I A N L M Ü Z Ü I T S K G D H E
T T M A O U A Z N A Y O Ğ U R T
H R J B P J Z A Ç M S R C G R K
P U İ L O K O R B O C L P M B S
T M V K Y N S İ E D L T B P R P
J U İ E G C Y K U Z J M D R K N
J Y K M A N T A R C E R U Y O G
C A O K Q R K C M P F P F U U Q
T D Z E A I A T A L O K İ Ç H I
J Ğ P A T L I C A N E B K H V P
U U S B Q K R P I D D P G S P G
B B T J U U R L Z P E Y N I R J
E C J H H Y H J F V R N H Z M N
```

MUZ	EKMEK
BROKOLİ	BALIK
KIRAZ	TAVUK
ÇİKOLATA	DOMATES
PEYNIR	JAMBON
MANTAR	PIRINÇ
BUĞDAY	KEREVİZ
KİVİ	YUMURTA
ELMA	ÜZÜM
PATLICAN	YOĞURT

57 - Nutrizione

```
I  R  O  G  C  S  L  Z  F  Q  Q  A  I  Y  M  T
K  A  L  I  T  E  O  H  T  I  K  N  Ş  E  O  O
I  L  F  L  O  A  İ  S  H  U  N  A  T  N  B  K
L  I  S  K  M  İ  R  İ  D  N  İ  S  A  I  O  S
R  V  N  I  M  T  O  A  O  I  S  J  H  L  G  İ
I  I  I  L  A  P  L  H  H  T  E  Z  Z  E  L  N
Ğ  S  K  Ğ  E  K  A  E  S  A  B  C  P  B  P  L
A  L  C  A  Z  J  K  R  B  M  B  C  E  I  Z  B
K  D  V  S  S  V  İ  T  A  M  İ  N  İ  L  A  O
H  S  S  T  S  A  D  E  N  G  E  L  I  I  T  T
S  S  S  L  H  L  Ğ  S  N  İ  E  T  O  R  P  J
H  P  Z  V  U  S  E  L  P  K  H  T  R  V  U  O
D  A  A  D  O  R  J  E  I  V  S  O  D  I  A  T
L  P  Z  J  Z  C  U  A  S  K  P  D  A  C  I  T
P  S  M  H  J  D  I  Y  E  T  O  U  Z  N  U  J
F  E  R  M  A  N  T  A  S  Y  O  N  H  D  F  T
```

ACI	BESİN
IŞTAH	AĞIRLIK
DENGELI	PROTEİN
KALORİ	KALITE
YENILEBILIR	SOS
DIYET	SAĞLIK
SİNDİRİM	SAĞLIKLI
FERMANTASYON	BAHARAT
LEZZET	TOKSİN
SIVILAR	VİTAMİNİ

58 - Matematica

```
E  M  V  H  L  F  Y  B  Y  J  K  O  T  G  A  T
S  İ  M  E  T  R  İ  A  C  N  J  H  N  E  D  Ç
Ü  M  B  O  B  A  A  E  R  B  Q  M  Y  O  E  O
N  G  L  N  J  L  C  H  A  I  G  S  L  M  N  K
O  U  M  D  M  I  F  B  N  T  Ç  G  H  E  K  G
D  G  Ü  A  N  Ç  N  İ  E  L  P  A  T  T  L  E
A  P  L  L  A  I  M  K  J  E  D  P  R  E  N
I  M  Ö  I  Z  P  K  B  L  U  Y  Y  A  İ  M  M
R  Q  B  K  Y  A  O  M  E  R  A  K  Ç  R  I  Q
L  Ü  Ç  G  E  N  V  T  L  R  L  A  T  C  C  G
F  R  E  Z  C  N  P  U  A  V  V  D  L  E  A  O
B  U  A  Y  A  M  B  Ş  R  I  S  E  K  M  H  K
O  E  M  G  I  P  V  O  A  T  L  V  Ç  N  F  S
K  O  R  F  D  Z  J  K  P  P  N  F  Z  I  Z  Y
A  R  İ  T  M  E  T  İ  K  N  F  N  F  D  B  Z
D  I  K  D  Ö  R  T  G  E  N  E  M  J  Q  E  E
```

AÇILAR	PARALELKENAR
ARİTMETİK	ÇEVRE
ONDALIK	ÇOKGEN
ÇAP	KARE
BÖLÜM	YARIÇAP
DENKLEM	DIKDÖRTGEN
ÜS	SİMETRİ
KESIR	TOPLAM
GEOMETRİ	ÜÇGEN
KOŞUT	HACIM

59 - Meditazione

```
M A A A D M R S A C G E A Q J H
U M D Ç U Ş U R U D K Ö B K N K
V L C I Y D E T Q T P U Z Q N U
L A O K G L G R L P N S V L V Y
P S N L U B A K T U Z Y C I E Y
M E N I L T S C H N L C A K H M
E F R K A Ğ O D A A K U K A Y D
R E K S R S C C R S D Y K P C Ü
H N V F P V H P E J F Y N Y O Ş
A Y Q M G E K J K I Z Ü M A G Ü
M N E S E R K K E T C B U C S N
E A D D Y P M T T E K A Z E N C
T A E F K I L Z I S S E S M N E
Z İ H İ N S E L I F S A K I N L
C R Q K T G U R L B A R I Ş R E
M I N N E T T A R L I K F I F R
```

KABUL
SAKIN
AÇIKLIK
MERHAMET
DUYGULAR
MUTLULUK
NEZAKET
MINNETTARLIK
ZİHİNSEL
AKIL

HAREKET
MÜZIK
DOĞA
GÖZLEM
BARIŞ
DÜŞÜNCELER
DURUŞ
PERSPEKTIF
NEFES ALMA
SESSIZLIK

60 - Elettricità

```
M E O L U M S U Z T V O Q V C I
Y I L I P T E L E V İ Z Y O N I
U N K E K B A Ğ P O Z İ T İ F U
S M B N K N E S N E I L B Q F V
K L E D A T A N Q U Y F Y T I C
I S V F B T R Z İ F D N O M E R
P F Q A M Q I İ Ç L E T P S Y Ö
A I L Q A P I S K Z P E O A T T
P P I C L N J M İ S O L U P M A
C V A U N P Q M R E L E L J U R
T F B J C B E V T R A F G M Q E
V E O N B Q G U K A M O D K C N
V D L Y U V A M E P A N Y E E E
Q K B L R R H Y L P U S F M M J
F F A N E D V G E P Z Y T D E J
Z J K U A R E Z A L U L M A J R
```

PIL
KABLO
DEPOLAMA
ELEKTRİKÇİ
ELEKTRİK
TELLER
JENERATÖR
LAMBA
AMPUL

LAZER
MIKNATIS
OLUMSUZ
NESNE
POZİTİF
YUVA
AĞ
TELEFON
TELEVİZYON

61 - Antiquariato

```
Z A R I F O Y Ü Z Y I L U R V H
C K E F F İ T A R O K E D E S G
J G Ğ K K R R A Z R A T T S İ H
Q A E E U E A R N L T I N T K L
N T D E M L Ş Z K T A L S O K P
B Q I L O A V M J R I A C R E N
N A V N B G J D L P F K C A S J
S J Z K I Y A Ş E M I A D S J A
C D O Y L T N I I H Y T F Y J Q
K R S A Y E U S F P A A S O E A
H R Q A A G Z F N O T D L N T F
K G O O L A Ğ A N D I Ş I A M V
Y A T I R I M N Q H E Y K E L F
U F E Z Z I E D L Y V K U E I U
E J T D N Z Z J S O L V P C M C
S A N A T A J H E Z K A M M T A
```

SANAT	SİKKE
OTANTIK	FIYAT
ŞART	KALITE
DEKORATİF	RESTORASYON
ZARIF	HEYKEL
GALERİ	YÜZYIL
TAKI	TARZ
OLAĞAN DIŞI	DEĞER
YATIRIM	YAŞ
MOBILYA	

62 - Escursionismo

```
L  L  A  G  A  R  S  I  U  D  M  T  E  D  G  I
V  H  R  I  Ğ  A  Ğ  O  D  T  Z  E  Q  K  S  B
G  L  A  I  A  L  T  L  Z  G  D  H  J  E  K  O
Z  Ü  L  H  D  K  N  J  E  Y  O  L  V  H  M  C
U  M  N  U  G  R  O  Y  V  D  K  İ  Z  S  U  K
M  U  A  E  İ  A  Y  A  B  Z  Z  K  G  A  R  N
F  D  V  D  Ş  P  S  H  E  İ  K  E  V  Z  U  K
Z  M  Y  B  H  F  A  E  F  S  B  L  Z  M  Ç  L
H  B  A  V  A  H  T  N  A  Z  P  E  M  E  U  D
T  A  H  F  V  Q  N  Z  G  C  L  R  T  O  A  I
K  A  Z  E  A  O  A  I  K  L  I  M  A  Q  F  U
G  F  Ş  I  H  L  Y  Y  A  C  Q  M  T  D  Z  G
R  G  I  L  R  K  R  K  A  Y  C  Y  K  E  S  Q
C  K  N  J  A  L  O  N  A  A  I  S  S  F  Y  U
F  V  C  M  A  R  I  T  N  A  L  P  O  T  V  V
H  A  R  İ  T  A  U  K  U  Y  R  B  J  Q  D  G
```

SU   TEHLİKELER
HAYVANLAR   AĞIR
IKLIM   TAŞLAR
HARİTA   HAZIRLIK
HAVA   UÇURUM
DAĞ   VAHŞİ
DOĞA   GÜNEŞ
ORYANTASYON   YORGUN
PARKLAR   TOPLANTI

63 - Professioni #1

```
S B M J T V A K N Z V E B V G E
A Ü Z F E G V O E C Z A C I T D
N Y R U L O I Ç T A S I S E T İ
A Ü U L S L L A V U K A T R C T
T K E N M O Q O D Q M T Y I A Ö
Ç E D M Q K P B G A I M M Ş S R
I L E A Z İ A A N F N B Y M T K
B Ç N E Y S İ Z Ü M S S P E R U
U İ İ I D P Y D T K N G Ç H O Y
H I Z B A N K A C I C L G I N U
J K C P İ Y A N İ S T P J J O M
I P İ V V E T E R İ N E R B M C
Z V O O A U L J Q O T O I U B U
L C G L V D V S L P R T T S D O
R Q T U F N G O F O T L P O V Z
E S H A R I T A C I B D A L N C
```

KOÇ
BÜYÜKELÇİ
SANATÇI
ASTRONOM
AVUKAT
DANSÇI
BANKACI
AVCI
HARITACI
EDİTÖR

ECZACI
JEOLOG
KUYUMCU
TESISATÇI
HEMŞIRE
DENİZCİ
MÜZİSYEN
PİYANİST
PSİKOLOG
VETERİNER

64 - Antartide

```
A R A L T U L U B I L I M S E L
M D D D U J Z E A V I R R Z F V
U R A L L U Z U B N R A M B N T
R V M L L S B L B R T T N E N O
O I I H A B A L I N A L A R T U
K B R O Q R E F E S J Z Y E O J
A R A Ş T I R M A C I R F L P H
R R Y U P B V C I H L Q A L O V
N V M Q E B E K G H R J R A Ğ C
P Y K L G C Ç A Y H D H Ğ R R N
T O K A Y A L I K E F V O E A B
S K I L K A C I S F L Q C N F O
N Y I D S O C R C A U Y N İ Y I
N E T T G F H V P O H H T M A C
R R D B A G J J V F C J D T M J
G Ö Ç J L K T O B S Q L L A H Z
```

SU
ÇEVRE
KOY
BALINALAR
KORUMA
KITA
COĞRAFYA
BUZULLAR
BUZ
ADALAR

GÖÇ
MİNERALLER
BULUTLAR
YARIMADA
ARAŞTIRMACI
KAYALIK
BİLİMSEL
SEFER
SICAKLIK
TOPOĞRAFYA

65 - Libri

```
D M P C Z B D A I S Y C V N R O
T R A J İ K E H H K A A Y A V K
S A Ü E M O K Z T P B Y Z F G U
N K K O L E K S I Y O N F A L Y
L A Y İ E O Z R L A M A Y A R U
S Y Ö O L A F P I N İ T Q A I C
İ L İ G L İ P F Z L Z S L O I U
M A C E R A K J A A A E D K Ş R
E D E B Î K T İ Y T H D C H R O
H K H J P A S H M I İ U Z O E M
C A İ O Z B I P I C V P P A N A
Y A R A T I C I Z I D F V Q N N
Q T A Z V Q I Y R R A L D C Y N
V P T G G Z E L L D V M N C J F
M E C C U H C K C N S L E I C K
R J F Z V G P T P B A Ğ L A M D
```

YAZAR
MACERA
KOLEKSIYON
BAĞLAM
İKİLİK
DESTAN
YARATICI
EDEBÎ
OKUYUCU
ANLATICI

SAYFA
ŞIIR
İLGİLİ
ROMAN
YAZILI
DIZI
ÖYKÜ
TARİH
TRAJİK
MİZAHİ

66 - Geografia

```
Ğ  Q  H  S  P  D  C  Z  R  A  L  J  M  E  Q  M
R  A  K  I  M  M  Ü  Ü  L  K  E  G  L  Ö  B  E
Y  D  D  J  Y  S  U  N  A  Y  K  O  A  U  S  R
D  A  B  A  T  I  R  K  Y  E  Z  U  K  P  M  İ
E  F  R  T  G  P  E  D  N  A  T  İ  R  A  H  D
N  F  A  I  L  J  F  S  T  S  N  L  I  K  T  Y
I  Q  H  K  M  I  Q  F  Q  Z  E  O  O  L  J  E
Z  M  P  M  U  K  L  B  S  E  K  D  U  Z  I  N
U  J  H  P  E  Z  Ü  F  Q  N  B  K  Y  P  T  B
O  F  T  Y  S  G  F  R  Y  L  B  K  P  O  I  O
O  C  T  A  T  L  A  S  E  E  O  G  T  R  M  R
A  U  M  D  N  F  A  F  O  M  Y  Ü  J  Z  J  Q
V  V  F  C  E  P  E  S  Q  C  L  N  R  Z  L  I
B  E  E  E  H  N  J  G  K  U  A  E  D  J  I  B
D  S  K  V  I  S  E  S  U  L  M  Y  D  F  A  Z
G  K  M  I  R  O  F  C  J  M  F  I  L  D  J  A
```

RAKIM
ATLAS
KENT
KITA
YARIMKÜRE
NEHIR
ADA
ENLEM
BOYLAM
HARİTA

DENIZ
MERİDYEN
DÜNYA
DAĞ
KUZEY
OKYANUS
BATI
ÜLKE
GÜNEY
BÖLGE

67 - Cibo #1

```
Y  J  L  Q  Z  S  K  M  H  E  Y  B  P  Q  Y  C
U  S  A  J  O  N  A  Ğ  O  S  M  Y  V  Y  P  S
P  C  Y  V  H  A  T  L  F  E  S  L  E  Ğ  E  N
N  J  A  U  Q  L  A  R  A  N  A  N  E  U  G  M
H  S  Z  Q  L  İ  M  O  N  T  U  M  R  A  B  M
A  J  U  G  S  A  F  V  I  U  A  L  C  L  N  K
B  B  E  D  R  H  Q  S  Ç  I  S  P  A  N  A  K
D  G  M  D  R  G  I  J  R  E  K  E  Ş  Z  U  T
D  Y  E  K  V  Ç  U  V  A  H  C  Ç  Y  E  Y  Ü
T  J  M  B  A  P  A  M  T  J  P  Z  İ  O  U  S
E  E  Y  B  Z  R  M  O  N  C  U  F  I  L  S  G
D  C  J  L  P  S  P  B  A  L  I  K  J  F  E  M
A  R  L  D  N  K  K  A  S  M  I  R  A  S  V  K
D  U  Ş  A  L  G  A  M  P  M  D  P  N  C  Y  E
M  H  S  Z  L  S  B  D  Y  Y  S  A  E  D  E  K
K  C  O  G  G  Z  J  E  J  T  S  C  T  B  M  G
```

SARIMSAK	NANE
FESLEĞEN	ARPA
TARÇIN	ARMUT
ET	ŞALGAM
HAVUÇ	TUZ
SOĞAN	ISPANAK
ÇİLEK	MEYVE SUYU
SALATA	BALIK
SÜT	KEK
LİMON	ŞEKER

68 - Etica

```
D  S  Y  Ö  Z  G  E  C  I  L  I  K  Q  H  C  M
G  İ  T  K  B  İ  R  E  Y  C  İ  L  İ  K  M  E
E  Ğ  P  Ü  U  Z  N  R  N  E  Z  A  K  E  T  R
R  İ  B  L  D  E  Ğ  E  R  L  E  R  N  T  O  H
Ç  L  I  T  O  I  Y  I  M  S  E  R  L  I  K  A
E  R  L  S  F  M  A  N  I  U  Y  M  Y  L  Ü  M
K  İ  G  Ü  S  N  A  R  E  L  O  T  M  A  L  E
Ç  B  E  R  N  F  M  T  L  M  T  E  D  N  N  T
İ  Ş  L  Ü  J  C  V  A  İ  B  A  T  V  O  Ü  E
L  İ  I  D  S  H  C  S  K  K  S  O  Z  Y  T  Y
İ  Y  K  P  T  M  J  A  G  U  B  H  V  S  Ü  I
K  L  H  Y  V  T  Z  Y  E  M  L  D  A  A  B  S
K  E  J  U  P  G  I  G  U  Z  T  Z  J  R  Q  Y
B  S  A  B  I  R  L  I  J  E  U  P  P  E  O  A
C  C  Y  E  F  E  S  L  E  F  R  P  Z  A  P  H
E  L  M  Y  I  O  R  I  İ  N  S  A  N  L  I  K
```

ÖZGECILIK	IYIMSERLIK
MERHAMET	SABIR
İŞBİRLİĞİ	MAKUL
HAYSIYET	RASYONALITE
DIPLOMATİK	GERÇEKÇİLİK
FELSEFE	SAYGILI
NEZAKET	BILGELIK
BİREYCİLİK	TOLERANS
BÜTÜNLÜK	İNSANLIK
DÜRÜSTLÜK	DEĞERLER

69 - Aeroplani

```
Ş  İ  N  I  O  Q  U  D  O  C  U  Q  F  C  V  M
C  İ  P  Y  Ö  N  D  I  Y  O  C  T  G  J  H  Ü
F  R  Ş  İ  C  Y  L  P  C  F  U  Ü  D  A  C  R
H  T  S  İ  L  M  A  C  E  R  A  R  M  D  F  E
F  B  T  Y  R  O  I  A  N  J  H  B  H  F  E  T
M  S  M  R  O  M  T  T  J  M  H  Ü  E  R  A  T
S  A  Z  Y  T  I  E  I  P  H  A  L  R  A  R  E
P  T  T  Q  O  K  T  K  M  U  V  A  R  O  D  B
F  C  N  Z  M  A  B  A  I  C  A  N  D  A  A  A
D  N  E  Y  U  R  D  Y  R  L  S  S  E  Ü  T  T
A  O  J  V  F  L  D  P  A  O  K  A  Y  Z  P  K
G  L  O  Y  L  H  K  P  S  Y  P  E  Z  Ü  H  N
T  A  R  I  H  N  N  D  A  N  F  Q  S  Y  Z  F
Q  B  D  P  K  Z  U  M  T  V  T  Q  V  K  I  Z
R  D  İ  A  A  T  M  O  S  F  E  R  D  Ö  Ü  L
F  O  H  Y  E  B  P  N  K  R  O  I  C  G  U  Y
```

YÜKSEKLIK	INIŞ
RAKIM	MÜRETTEBAT
HAVA	ŞİŞİRMEK
ATMOSFER	HİDROJEN
MACERA	MOTOR
YAKIT	BALON
GÖKYÜZÜ	YOLCU
YAPI	PİLOT
TASARIM	TARIH
YÖN	TÜRBÜLANS

70 - Governo

```
I  Y  O  F  A  L  G  Z  V  H  C  A  A  M  Y  E
D  J  N  V  P  K  I  Ş  A  D  N  A  T  A  V
E  S  Z  S  P  I  E  A  K  M  O  A  U  I  D  B
V  L  Q  I  R  K  F  S  B  Ş  H  Y  L  N  H  Q
L  I  V  I  S  E  O  U  Ö  U  R  A  İ  A  A  Y
E  B  Y  D  R  D  H  L  L  N  Y  S  D  G  V  K
T  A  E  V  E  M  V  U  G  O  I  A  E  I  P  Ü
E  Ğ  K  K  I  M  J  Z  E  K  R  Y  R  O  C  L
S  I  E  O  E  D  O  L  M  N  Q  I  Q  D  K  R
A  M  G  T  L  C  C  K  S  S  S  H  N  C  L  Ü
Y  S  B  U  U  S  P  F  R  Q  A  O  I  Y  K  G
İ  I  V  A  S  U  Q  U  P  A  D  O  K  E  V  Z
S  Z  Q  D  A  D  A  L  E  T  S  U  T  V  T  Ö
A  L  J  L  O  B  M  E  S  P  A  İ  L  H  Z  H
Q  I  F  İ  T  A  R  T  I  Ş  M  A  D  U  K  U
F  K  Q  D  R  P  E  Ş  I  T  L  I  K  C  S  N
```

LİDER	KANUN
VATANDAŞLIK	ÖZGÜRLÜK
SIVIL	ANIT
ANAYASA	ULUSAL
DEMOKRASİ	ULUS
KONUŞMA	SİYASET
TARTIŞMA	BÖLGE
ADLİ	SEMBOL
ADALET	DEVLET
BAĞIMSIZLIK	EŞİTLİK

71 - Politica

```
U R E F A Z P D O J J A Y F G Z
B D Ş A S P U O P K D D B N I I
Y R I K Ş Z B E P G Z E B Q V F
L H T T Ü H I T T Ü N D I Z T Y
K S L İ R L Ü M P S L E F N Q A
A K I V Ö G R K S B K E N V G A
M O K İ G A D Ü Ü E L M R D N R
P Y E S N O K N G M V J V L A C
A A T T M T D Y J Z E D E S İ A
N D İ U L U S A L O Ö T R E J K
Y A M R V Q T H B R K E G Ç E I
A K O O Y I B E K F V T İ I T T
C A K F H R Q Z T K V İ T M A I
L B V E R R P G D K H K U V R L
P O L İ T İ K A C I S S C Z T O
Y L B V P S B J U G Q V T A S P
```

AKTİVİST	GÖRÜŞ
KAMPANYA	POLITIKA
ADAY	POLİTİKACI
KOMİTE	POPÜLERLİK
KONSEY	SEÇIM
ETİK	STRATEJİ
HÜKÜMET	VERGİ
ÖZGÜRLÜK	EŞITLIK
ULUSAL	ZAFER

72 - Bellezza

```
U Q P F G J J F R V S E P B J O
I J U Q N R S O U R J C I L T
M T Z I N G F T J U P O J O F L
O A A Ü H Q M O C I I O A M P Ü
I D R L D S F J Y G N U Y Q I T
S B A N Y A F E R S L P K B D U
Q G F P F J G N E B I Z A C J F
Q M E I C K H İ N U J L M Z K J
K İ T E M Z O K K D Q R A A R M
Q Y S Z K U E E G Y Y K S R T P
R A İ Y H B N Z Y S U F K I J G
Z Ğ L O I Ş A M P U A N A F K Y
P L İ D C B V B O Y Q K R G O M
C A T C S Y N A I N B V A S K R
T R S T K H N A J E K B Z M U I
C B L Q U H A H O M K B Y D L G
```

RENK	DÜZ
KOZMETİK	MASKARA
ZARIF	YAĞLAR
ZARAFET	CILT
CAZIBE	RUJ
MAKAS	ŞAMPUAN
FOTOJENİK	AYNA
KOKU	STİLİST
LÜTUF	MAKYAJ

73 - Avventura

```
G  S  I  H  O  E  P  N  T  O  G  B  R  N  M  Y
Ü  Y  L  Y  C  C  Z  R  A  L  K  U  L  R  O  Z
Z  E  L  Ç  N  İ  V  E  S  A  E  G  Q  A  H  S
E  H  E  V  E  S  T  F  R  Ğ  D  J  Z  L  A  E
L  D  O  Ğ  A  I  B  E  I  A  T  M  Q  Ş  Z  Y
L  F  F  I  T  J  Z  S  F  N  N  D  N  A  I  A
I  N  U  L  A  B  Y  T  Q  D  E  F  G  D  R  H
K  Z  T  E  Y  İ  N  M  E  I  Z  E  G  A  L  A
Q  Y  J  K  R  E  U  C  B  Ş  N  D  U  K  I  T
S  I  P  I  Q  Y  E  P  L  I  D  E  S  R  K  L
Z  O  R  L  U  K  R  G  S  S  C  H  Y  A  A  E
L  Z  R  H  F  C  E  S  A  R  E  T  R  J  U  R
G  Ü  Z  E  R  G  A  H  N  H  U  T  G  K  N  I
R  E  Y  T  C  E  F  E  U  A  H  S  K  I  L  F
L  Q  O  Q  E  S  H  Z  S  H  Ş  P  R  J  D  Y
M  P  E  K  G  Q  M  I  B  V  J  F  C  V  K  C
```

ARKADAŞLAR	GÜZERGAH
GÜZELLIK	DOĞA
ŞANS	SEFER
CESARET	YENI
HEDEF	FIRSAT
ZORLUK	TEHLIKELI
HEVES	HAZIRLIK
GEZI	ZORLUKLAR
SEVİNÇ	EMNİYET
OLAĞAN DIŞI	SEYAHATLER

74 - Forme

```
D  P  A  V  P  M  I  S  E  Ş  Ö  K  T  O  T  F
I  M  İ  U  H  B  O  K  S  Ğ  J  Q  K  Ü  R  E
K  S  N  R  E  J  E  D  İ  Y  R  A  F  Q  P  I
D  K  O  P  A  R  I  S  L  D  T  I  B  K  T  O
Ö  F  K  E  M  M  P  S  İ  U  U  T  K  H  L  Ü
R  P  K  O  Z  G  İ  J  N  V  K  E  Z  O  Q  Ç
T  M  C  R  İ  F  K  T  D  E  K  B  H  I  V  G
G  L  B  N  R  T  F  K  İ  R  G  Z  M  L  R  E
E  M  Y  Y  P  H  E  Q  R  I  E  K  Y  A  N  N
N  Y  S  K  E  N  A  R  L  A  R  A  O  A  R  K
H  İ  P  E  R  B  O  L  R  D  M  L  O  Ç  B  R
G  D  O  O  D  S  T  S  C  D  M  C  T  T  M  J
R  O  V  A  L  M  C  J  K  N  O  O  K  G  M  S
I  C  K  P  K  C  D  N  A  V  S  I  Z  G  Z  E
Q  Q  Ü  O  C  R  M  P  R  C  N  F  M  G  O  J
P  Z  P  E  L  İ  P  S  E  B  H  Y  Q  L  I  L
```

KÖŞE	YAN
ARK	SIRA
KENARLAR	OVAL
DAIRE	PİRAMİT
SİLİNDİR	ÇOKGEN
KONİ	PRİZMA
KÜP	KARE
EĞRI	DIKDÖRTGEN
ELİPS	KÜRE
HİPERBOL	ÜÇGEN

75 - Oceano

```
Y  G  V  G  D  S  M  D  D  A  İ  Y  S  K  R  R
I  E  Z  E  H  M  E  E  H  K  Ğ  G  L  A  C  O
B  V  N  D  N  H  R  N  J  J  İ  R  U  P  F  N
M  I  M  G  R  R  C  İ  R  A  L  A  G  L  A  D
T  N  K  K  E  H  A  Z  U  T  A  N  B  U  V  Y
B  K  C  A  Y  Ç  N  A  O  O  B  I  A  M  S  I
C  O  G  R  D  B  M  N  T  E  K  L  L  B  L  L
Z  P  T  İ  İ  I  H  A  A  O  E  A  I  A  G  A
C  T  S  D  R  F  İ  S  E  R  P  B  K  Ğ  J  N
H  I  V  E  İ  I  I  I  L  Z  Ö  A  S  A  J  B
L  R  K  S  T  D  L  S  S  Z  K  F  T  R  V  A
K  Z  N  U  S  O  Y  L  Ü  I  Q  R  İ  H  S  L
O  O  S  N  İ  E  O  Q  N  S  E  S  G  E  A  I
L  K  C  U  Y  K  E  P  G  H  K  F  L  H  T  Ğ
S  V  T  Y  S  Q  Y  T  E  M  Q  E  E  E  M  I
Z  F  I  R  T  I  N  A  R  E  Q  H  G  F  N  U
```

YOSUN
YILAN BALIĞI
BALINA
BOT
MERCAN
YUNUS
KARİDES
YENGEÇ
GELGİT
DENİZANASI

DALGALAR
İSTİRİDYE
BALIK
AHTAPOT
TUZ
RESİF
SÜNGER
KÖPEKBALIĞI
KAPLUMBAĞA
FIRTINA

76 - Famiglia

```
Q T İ K U L K U C O Ç A K Ç E A
C H E K A A M C A R V T S O P N
N T A Y İ D O Y T G L A M C E N
I G I D Z Z I B L U M H Ç U R E
K U Z E N E L N T R C T O K K V
B A B A N F B E E K D T C L E Y
R M L E T D V R R Ş G R U A K E
H S J A B A B K Ü Y Ü B K R Y V
J L D C Ü U T D O K J L S J E B
F H K O Y S S J M U T Y N J Ğ B
Z Z H K Ü M A H E Y Z T D Z E A
C H E D K U C B B B E Y F R N N
H L F E A E R K E K K A R D E Ş
T H B O N K I Z K A R D E Ş F Y
H L I C N K I Z E V L A T P J I
D D S V E D D B I O R Q P U R R
```

ATA
ÇOCUKLAR
ÇOCUK
KUZEN
KIZ EVLAT
ERKEK KARDEŞ
İKİZLER
ÇOCUKLUK
ANNE

KOCA
KADIN EŞ
ERKEK YEĞEN
BÜYÜKANNE
BÜYÜK BABA
BABA
KIZ KARDEŞ
TEYZE
AMCA

77 - Veicoli

```
H  G  R  U  L  Y  A  B  A  R  A  M  İ  B  H  Q
O  J  O  Y  O  T  U  M  N  K  P  E  C  L  E  İ
O  U  K  Y  Q  R  R  D  B  T  B  T  O  B  L  K
D  V  E  U  T  T  A  Q  S  U  T  R  S  U  İ  E
H  E  T  F  E  R  İ  B  O  T  L  O  A  Ç  K  R
İ  C  N  F  M  İ  D  V  K  E  Y  A  L  A  O  V
T  U  F  İ  K  G  Q  B  A  L  T  L  N  K  P  A
I  R  B  R  Z  A  B  H  M  K  A  A  K  S  T  N
G  K  A  N  N  A  L  M  Y  İ  K  S  E  D  E  K
U  K  J  K  D  V  L  H  O  S  S  T  C  N  R  T
F  Z  T  H  T  H  K  T  N  I  İ  İ  U  V  V  D
D  V  A  N  O  Ö  Q  F  İ  B  R  K  O  H  U  S
F  T  P  J  C  I  R  O  T  O  M  L  V  A  Q  N
O  T  O  B  Ü  S  R  Z  R  C  J  E  J  H  Z  Q
E  S  R  H  S  T  U  A  E  N  H  R  M  D  G  N
K  N  İ  A  D  G  Y  T  N  B  A  H  H  H  O  H
```

UÇAK	METRO
AMBULANS	MOTOR
ARABA	LASTİKLER
OTOBÜS	ROKET
BOT	DENİZALTI
BISIKLET	TAKSİ
KAMYON	FERİBOT
KERVAN	TRAKTÖR
HELİKOPTER	TREN
VAN	SAL

78 - Emozioni

```
N F U T E Y İ S A S S A H V I M
I S O E K H D Ü T N Ü Z Ü N G Z
L C I K U Ş I R A B N T V C R B
N K R A L K A P A M Y L Q N M M
A J M Z U D M R U T A H A R G G
C O U E L G A İ P P T U G O J Y
E E H N T S L Z A O Y E Ç V S K
Y R N O U A T S J P C K N R M D
E P D O M K A Y I U K F İ N H D
H U Z U R I H N N K G Ö V T I P
R D N Y Q N A P M R I R E I J M
F G L Y N P R H N O V N S G K V
S E M P A T İ I V K P A T V A L
E G P M F A J E O P L V F I J S
M E M N U N H C Z C P P H Q H M
M M G P A Q V M G R K D O U Y D
```

AŞK	ÖFKE
MUTLULUK	RAHAT
SAKIN	RAHATLAMA
HEYECANLI	SEMPATİ
NEZAKET	MEMNUN
SEVİNÇ	SÜRPRİZ
MINNETTAR	HASSASİYET
SIKINTI	HUZUR
BARIŞ	ÜZÜNTÜ
KORKU	

79 - Natura

```
H O P N R M Q Y K P V P M H K B
V K E D D Y V R L U Z U B D Q I
E R O Z Y O N İ K A S İ S G K Q
P A N K G H R Ş B J K M Y C J B
O L I E I L F H H U N İ U J Y J
L R I O H C N A A H L L P G J R
I A K M K I A V Y A T U S O L S
T S F P P Q R G A Y K I T K R A
B A R I N A K U T V D B G L U T
D İ N A M İ K D İ A A J J C A K
F N P Q Q L Y R Ç N Ğ S Y L R R
Y E Ş İ L L İ K Ö L L B I S N Q
G Ü Z E L L I K L A A Y Z Q V E
S O Z H J Q P G O R R T L A E U
T L S O A N G J L D V Q D M D I
T O R M A N F J O K I T P B Y V
```

HAYVANLAR
ARLAR
ARKTIK
GÜZELLIK
ÇÖL
DİNAMİK
EROZYON
NEHIR
YEŞİLLİK
ORMAN

BUZUL
DAĞLAR
SİS
BULUTLAR
BARINAK
VAHŞİ
SAKİN
TROPİKAL
HAYATİ

80 - Balletto

```
S A N A T S A L N K H C G N Y T
Z M H J Q L A K P I A Q F D P Z
R İ T İ M L K Q S Z V S Z B A A
A D R V I U J O L Ü O G L E İ N
T Y A Y Z M M P R M R A S A İ L
F G F N A O C T D E P Z N J R A
E N S G S Y N J Q I O A A D E M
B Z N A Q Ç U J P A I G N O C L
D Q O L O S I Z A R İ F R H E İ
A C S K D K U L N U Ğ O Y A B E
K K J I A E J R A D F Y P N F S
F R P Ş V E F R B R I R S H C İ
B A L E R İ N F J B J R V O T Z
T E K N İ K Q L I Z E M A Y N L
S E Y I R C I C E T S E B H Y A
Y H I L Z B D T A R T S E K R O
```

BECERI	ZARİF
ALKIŞ	YOĞUNLUK
SANATSAL	KASLAR
SOLO	MÜZIK
BALERİN	ORKESTRA
DANSÇILAR	PROVA
BESTECI	SEYIRCI
KOREOGRAFİ	RİTİM
ANLAMLI	TARZ
JEST	TEKNİK

81 - Paesi #1

```
F  İ  N  L  A  N  D  İ  Y  A  Y  I  E  Y  B  G
P  M  B  E  B  P  J  L  Q  Y  S  D  R  Z  P  V
M  V  S  N  T  C  A  İ  Y  N  T  N  D  A  V  V
K  A  M  B  O  Ç  Y  A  P  A  N  A  M  A  K  E
P  K  A  N  A  D  A  R  P  M  A  R  K  Y  H  N
T  O  F  S  S  D  M  S  J  L  T  C  H  N  E  E
V  İ  L  A  M  J  P  İ  Q  A  S  V  O  A  M  Z
R  F  A  O  A  L  İ  B  Y  A  I  B  C  P  I  U
P  Z  G  K  N  D  B  I  E  F  D  F  A  S  S  E
A  K  E  Y  T  Y  N  G  Z  P  N  P  Y  İ  I  L
U  L  N  J  E  I  A  O  A  M  I  B  L  H  R  A
G  O  E  K  İ  K  T  Y  R  G  H  C  I  N  F  P
N  M  S  H  V  F  C  G  K  V  V  C  Z  O  G  P
K  Q  H  R  O  M  A  N  Y  A  E  N  E  V  N  E
B  B  H  V  V  G  L  B  T  L  V  Ç  R  Y  Z  K
I  Z  A  Q  O  E  U  Q  K  F  K  A  B  S  A  K
```

BREZILYA	MALİ
KAMBOÇYA	FAS
KANADA	NORVEÇ
MISIR	PANAMA
FİNLANDİYA	POLONYA
ALMANYA	ROMANYA
HINDISTAN	SENEGAL
IRAK	İSPANYA
İSRAİL	VENEZUELA
LİBYA	VİETNAM

82 - Geometria

```
C Q E U F V D Y E S J K Q D Q H
U O T Ğ R Y F U U N E N K E M N
O Q F S R J H B Y A T A Y N D Y
C I P D R I T R Ü R U H S K J J
B Ö L Ü M D H V Z O Y D Z L H U
E A M A L P A S E H O U T E F P
C G K O E B R I Y I B T M M R M
K R Z D T F A N R I P L K T Y H
D O L Q O M M D G E N D Ç A P D
Z R Ş N H G U F T P U D L H O Y
I G C U T F N E G Ç Ü Y E O I S
V H K I T N A M S İ M E T R İ I
J Z U D F G Y Y U U R A U H R L
S F R F M C D F O A S Ç H F O I
E S K I L K E S K Ü Y I E F E T
D I K E Y B M V E E R A Q U T Z
```

YÜKSEKLIK
AÇI
HESAPLAMA
DAIRE
EĞRI
ÇAP
BOYUT
DENKLEM
MANTIK
MEDYAN

NUMARA
YATAY
KOŞUT
ORAN
BÖLÜM
SİMETRİ
YÜZEY
TEORİ
ÜÇGEN
DIKEY

83 - Edifici

```
T Z B M Y U C M İ C A N O A S D
I İ K E L U K T H J H G K P T M
T V Y L U R Y A N U İ R B A A K
V C J A M E N İ S M R M N R D Z
I F G K T E N P H R O S T T Y Y
F F U H İ R K J P A H G E M U Z
O K U L Q İ O O Y V S D K A M M
E S D C O D Z Z O U Y T R N K E
Y P S J U A N C Q T U İ A G U L
Z N K Z U Ç D S İ A E Z M N J Ç
P A N S İ Y O N L R R L R İ E İ
R A S A T H A N E O J M E B G L
V I O M Ü Z E Q J B R O P A Y İ
F A B R I K A F İ A Y A Ü K L K
K A Q U I D S G L L G Q S Y D U
E R Ü N İ V E R S İ T E C J Q N
```

ELÇİLİK
APARTMAN
KABİN
KALE
SİNEMA
FABRIKA
AHIR
OTEL
LABORATUVAR
MÜZE

HASTANE
RASATHANE
PANSİYON
OKUL
STADYUM
SÜPERMARKET
TİYATRO
ÇADIR
KULE
ÜNIVERSITE

84 - Malattia

```
G  K  S  Q  Y  O  J  K  I  L  Ğ  A  S  H  T  B
F  E  K  I  C  I  Ş  A  L  U  B  K  R  U  E  S
A  S  N  I  J  P  U  L  L  O  M  B  E  R  R  D
N  N  H  E  C  I  R  P  I  H  U  F  L  E  A  S
N  N  P  İ  T  A  P  O  R  Ö  N  I  K  L  P  G
B  P  V  E  U  İ  C  O  E  M  U  R  İ  N  İ  C
F  A  E  D  C  B  K  A  L  D  L  Z  M  E  Y  B
Z  H  Ğ  J  Ü  E  İ  G  İ  I  O  O  E  J  E  H
P  İ  Y  I  V  Q  N  C  J  N  S  O  K  O  O  N
H  T  T  E  Ş  R  O  E  R  A  I  N  V  T  Z  O
O  L  B  P  A  I  R  S  E  K  T  G  L  A  A  F
B  İ  L  T  H  Y  K  D  L  U  A  A  R  P  Y  J
N  Q  S  D  G  V  P  L  A  T  R  O  G  R  I  P
K  A  L  I  T  S  A  L  I  D  A  M  J  K  F  J
S  E  N  D  R  O  M  H  G  K  M  K  P  O  K  V
B  A  K  T  E  R  İ  Y  E  L  S  A  F  O  R  V
```

AKUT	BAĞIŞIKLIK
ALERJİLER	İLTİHAP
BAKTERİYEL	LOMBER
BULAŞICI	NÖROPATİ
VÜCUT	KEMİKLER
KRONİK	PATOJENLER
KALP	SOLUNUM
ZAYIF	SAĞLIK
KALITSAL	SENDROM
GENETİK	TERAPİ

85 - Paesi #2

```
Y Y J F C S A E G Z P J L T G E
J L S I G F N Y R U S Y A Q K N
V A D N A L R İ B Z C L İ C R D
H G P M I G H R J A M A İ K A O
A A S O A L V U M U Z I C E Z N
Y R İ Z N A T S I N A N U Y G E
P Z N T B Y A H N E B M A Y P Z
O E A A İ R A N Y A R K U Q Q Y
Y G D Y V N D A N İ M A R K A A
İ V U R L U M E K S İ K A S D U
T G S E E V T P A K I S T A N S
E V J J K M U L A P E N F M A P
O Q M İ N Z S E U S A B B L G J
F H G N U S K R D K E J S G U R
Y P L A S D K G C Q H L B F P Q
U S I U R Y E L İ B E R Y A V B
```

ARNAVUTLUK	LİBERYA
DANİMARKA	MEKSİKA
ETİYOPYA	NEPAL
JAMAİKA	NİJERYA
JAPONYA	PAKISTAN
YUNANISTAN	RUSYA
HAİTİ	SURİYE
ENDONEZYA	SUDAN
İRLANDA	UKRAYNA
LAOS	UGANDA

86 - Tipi di Capelli

```
K  K  I  Y  M  Y  V  P  D  T  Q  F  M  T  I  D
I  Z  G  Q  U  F  F  U  K  U  H  L  L  L  U  R
V  O  N  S  R  M  D  Ü  Z  P  Z  E  Q  N  B  D
I  Y  E  N  U  Z  U  T  O  V  I  V  L  L  I  C
R  B  R  Q  K  V  P  Ş  H  B  İ  L  K  N  E  R
C  E  E  I  L  S  E  Ü  A  S  A  R  I  Ş  I  N
I  Y  V  E  J  I  H  M  Y  K  F  N  G  Z  L  I
K  A  H  Z  H  H  Q  Ü  I  A  V  V  J  Y  K  L
D  Z  A  U  H  V  D  G  S  L  D  M  Q  G  I  A
A  U  K  I  S  A  H  M  R  C  O  R  Z  C  L  K
L  P  O  J  B  P  Ö  R  G  Ü  L  Ü  E  P  Ğ  H
G  R  C  D  B  O  F  E  J  G  E  G  G  Y  A  F
A  H  O  H  I  Z  V  U  O  R  K  N  I  J  S  T
L  B  E  R  G  Y  S  T  N  Ö  J  P  H  N  V  N
I  N  Y  K  J  A  L  G  C  K  A  K  I  J  C  S
H  V  D  I  P  N  U  J  R  P  G  G  I  F  N  E
```

GÜMÜŞ	UZUN
KURU	KAHVERENGI
BEYAZ	YUMUŞAK
SARIŞIN	SIYAH
KISA	DALGALI
KEL	KIVIRCIK
RENKLİ	SAĞLIKLI
GRİ	INCE
ÖRGÜLÜ	KALIN
DÜZ	ÖRGÜ

87 - Vestiti

```
S  Y  L  G  R  V  B  P  Ç  K  Ü  L  N  Ö  S  C
A  I  B  B  Q  U  I  İ  E  O  O  U  Y  I  U  E
N  D  B  L  U  Z  L  J  H  D  R  L  K  O  T  K
D  N  O  F  U  G  E  A  G  L  E  A  Y  Z  G  E
A  Z  E  M  B  O  Z  M  A  J  M  N  P  E  O  T
L  L  L  Q  N  V  I  A  O  C  E  F  R  S  P  E
E  E  J  S  U  N  K  I  B  A  K  K  A  Y  A  L
T  T  G  I  S  C  Z  H  B  R  E  B  Ş  R  B  B
R  E  L  N  E  V  I  D  L  E  L  M  E  L  R  I
Q  K  G  J  C  C  K  Z  V  H  M  Y  S  F  A  S
Z  A  B  O  B  L  M  N  Y  Q  Ö  Y  P  K  U  E
K  Z  K  G  I  G  G  V  S  Z  G  L  S  E  I  I
Ş  A  P  K  A  B  H  Z  K  R  K  U  H  Z  J  Z
T  K  A  A  T  Q  I  U  U  K  Q  C  P  V  R  L
P  A  N  T  O  L  O  N  O  O  A  K  P  S  Z  I
Z  B  V  M  Z  A  Q  S  E  Q  H  F  G  V  P  Z
```

ELBISE	ÖNLÜK
BILEZIK	ELDIVENLER
ÇORAP	KOT
BLUZ	KAZAK
GÖMLEK	MODA
ŞAPKA	PANTOLON
KEMER	PİJAMA
KOLYE	SANDALET
CEKET	AYAKKABI
ETEK	EŞARP

88 - Attività e Tempo Libero

```
B  R  F  U  T  B  O  L  V  S  H  I  O  I  B  R
A  A  K  L  I  Z  G  S  K  O  B  N  I  N  O  Z
H  H  V  K  C  U  D  M  C  P  L  U  N  E  Y  F
Ç  A  Y  I  Z  U  J  F  P  F  Y  E  C  O  A  M
I  T  B  L  P  Z  O  C  R  T  Ü  S  Y  F  M  L
V  L  D  I  E  C  H  O  L  B  Z  İ  A  B  A  D
A  A  Ç  R  K  A  E  L  C  M  N  K  N  O  M
N  T  C  K  O  A  S  Ö  R  F  E  E  O  I  A  L
L  I  Ş  I  L  A  D  F  E  C  I  T  B  D  Z  T
I  C  Ü  L  Z  L  S  V  L  Z  G  O  L  F  J  O
K  I  Y  A  O  D  T  A  İ  L  P  H  A  R  B  E
R  C  Ü  B  T  I  D  O  B  L  C  Z  J  R  Q  T
T  J  R  U  O  Y  A  J  O  E  M  F  T  D  T  H
V  C  Ü  G  I  R  M  R  H  E  H  C  P  J  H  U
B  E  Y  Z  B  O  L  O  B  T  E  K  S  A  B  K
S  E  Y  A  H  A  T  E  T  M  E  K  T  H  P  B
```

SANAT	DALIŞ
BEYZBOL	YÜZME
BASKETBOL	VOLEYBOL
BOKS	BALIKÇILIK
FUTBOL	BOYAMA
YÜRÜYÜŞ	RAHATLATICI
BAHÇIVANLIK	SÖRF
GOLF	TENİS
HOBİLER	SEYAHAT ETMEK

89 - Meteo

```
F  G  C  S  C  G  K  T  S  S  V  J  D  V  L  E
I  I  Ö  S  Y  O  U  I  Ğ  A  Ş  U  K  K  Ö  G
R  E  O  K  F  B  T  K  T  S  M  N  T  O  S  G
T  S  R  Z  Y  P  U  L  B  M  U  S  O  N  Q  S
I  I  U  R  Q  Ü  P  I  B  U  Z  S  İ  Z  Q  Q
N  N  T  R  R  S  Z  M  J  R  Z  F  E  S  R  E
A  T  S  E  T  Ü  S  Ü  H  U  L  T  U  L  U  B
T  I  I  F  M  T  B  N  T  K  Y  B  U  L  U  T
C  N  C  S  A  L  K  A  S  I  R  G  A  N  C  T
M  V  A  O  T  Ü  L  E  S  C  F  P  J  I  V  P
F  L  K  M  I  R  I  D  L  I  Y  Y  L  J  H  Y
L  D  L  T  G  Ü  T  R  O  P  İ  K  V  V  J  G
P  K  I  A  G  G  K  U  R  A  K  L  I  K  Z  D
M  Q  K  E  F  K  R  Ü  Z  G  Â  R  U  U  E  F
S  B  L  V  O  Ö  R  E  P  Z  L  Q  T  H  L  I
H  M  Q  S  P  G  L  L  H  R  T  K  G  P  O  O
```

GÖKKUŞAĞI	BULUT
KURU	BULUTLU
ATMOSFER	KUTUP
ESINTI	KURAKLIK
GÖKYÜZÜ	SICAKLIK
IKLIM	FIRTINA
YILDIRIM	KASIRGA
BUZ	TROPİK
MUSON	GÖK GÜRÜLTÜSÜ
SIS	RÜZGÂR

90 - Corpo Umano

```
H M B G B H I P D J A M E S D K
J Z F Ö A C K P Z I Y K M T B F
S D Y Z Q Y I C L P A U Z J A L
O M U Z H G G J U F K L Ç F Ş N
Q B A C A K A E U C B A V E V A
J Z Z D O S N G M H I K M Q N J
M I D E I I T B A F L K J S I E
Y Ğ K Z E R E L Y V E C R O Y F
S A A Y I E S V I N Ğ Y C B E N
M I N U R U B E A C I Ü F O B V
H H U G M G J E K T D Z C N F P
F K Y O U G J C A K I G R I C C
V A O C L R Z Y M S Z L M A B N
G L B E C G V M R Z C S E J G H
S P O M H C H T A Q T K T L F P
N T Y K F K P Q P H A E H E C A
```

AĞIZ	EL
AYAK BILEĞI	ÇENE
BEYIN	BURUN
BOYUN	GÖZ
KALP	KULAK
PARMAK	CILT
YÜZ	KAN
BACAK	OMUZ
DIZ	MIDE
DIRSEK	BAŞ

91 - Mammiferi

```
F Y O F J Y Y G H R F E M T T U
E B G K Y U N U S C P E A A V M
J Q B T T Z G U F M D A Y V L N
H A O N M Ü A V K S J J M Ş K H
L K Ğ S H R G N C O U K U A H Z
F M A R M A J K Ö P E K N N K E
Y K U R T F V O B A L I N A E P
N B N R A A Z G E Y I K Y C D V
T C Y A U J R A I Z F Y K A İ Y
K M F C U G Y I S N F H Z R N H
I G T M I F N P K L U O D B G C
H G N I D G U A Z İ A G P E G F
D C M Z N J Y R K R P N S Z I R
A Y S M D C O P S O I Y Z J I U
Ç A K A L A K E E G T İ L K İ J
I Z Y A P H Z B N O C M P B V Y
```

BALINA	ZÜRAFA
KÖPEK	GORİL
KANGURU	ASLAN
AT	KURT
GEYIK	AYI
TAVŞAN	KOYUN
ÇAKAL	MAYMUN
YUNUS	BOĞA
FIL	TİLKİ
KEDİ	ZEBRA

92 - Cucina

```
M V T I B A L O D Z U B S C V K
P K A R A Ö B M V E S S Q O F D
I F S A R N K A A Y E M A B B C
O Z B L D L Q A P C Y K A Z A N
M F G L A Ü M I Ş S E C I M V I
K O O A K K D Q A I H A R Ü S R
D E O T R B O S Y K K P G K Q I
T C P A I A N D L R Q M Y A Z F
R K V Ç V R D G I D A S E V M V
I M R T E K U I R B D Ü M A P A
B I Ç A K A R P O Q H N E N A Y
Z T Z C O P U E E P G G K O C P
J G S M S E Ç U Z G E C Z G D
S A Q M R J U E I G U R K F Y P
R R Q J E F V T A R A H A B Z V
O O G C U L Y E G V D J I L H U
```

KAZAN
SÜRAHI
GIDA
TAS
BIÇAK
DONDURUCU
KAŞIK
ÇATALLAR
FIRIN
BUZDOLABI

ÖNLÜK
IZGARA
YEMEK
KEPÇE
BAHARAT
SÜNGER
BARDAK
PEÇETE
KAVANOZ

93 - Giardinaggio

```
A  K  C  N  G  C  E  M  S  B  T  Z  H  Y  G  H
B  A  H  Ç  E  K  O  M  P  O  S  T  O  A  A  I
S  R  Q  H  Z  İ  H  I  E  O  Q  N  R  P  Z  Z
V  P  U  N  F  L  T  L  F  N  P  N  T  R  A  G
T  O  H  U  M  M  V  K  E  Ç  İ  Ç  U  A  H  F
Y  T  I  N  V  İ  J  I  U  T  N  S  M  K  I  E
K  E  H  U  O  S  R  Z  C  A  S  B  K  O  D  C
D  K  N  N  P  V  E  G  Z  O  T  I  K  B  L  H
V  U  B  I  N  E  O  V  T  N  I  U  İ  Y  Y  R
D  B  D  O  L  M  L  R  T  N  E  G  L  I  M  Z
F  V  C  Q  T  E  J  R  N  P  F  G  L  G  G  K
K  I  R  O  K  A  B  D  D  Q  M  T  İ  H  A  E
B  T  A  S  N  Q  N  I  T  U  Z  L  Ş  P  O  L
S  V  D  M  M  A  S  İ  L  D  L  O  E  O  N  C
A  J  U  G  S  V  U  V  K  I  C  Q  Y  M  Z  G
K  O  N  T  E  Y  N  E  R  A  R  Q  P  H  M  A
```

SU	YEŞİLLİK
BOTANİK	BAHÇE
IKLIM	BUKET
YENILEBILIR	TOHUM
KOMPOST	KIR
KONTEYNER	MEVSİMLİK
EGZOTIK	TOPRAK
ÇİÇEK	HORTUM
YAPRAK	NEM

94 - Universo

```
T A S T R O N O M E L N E O I L
R E F S O M T A G Ö K S E L Y I
C M L Ş Q R J G T F A E A O N S
S E U E G N Ü R Ö Y Y F L F Y G
U Z Q N S Z U A L A D Ü A M F S
J F J Ü L K R O P B O Z U V T H
I J U G N İ O H C I Z Ü Ü L F T
U A U K G M M P V H J Y M R T F
J E P I L Z Y A R I M K Ü R E R
Z C A L B O G A Ü T A Ö N O V F
T S J N M K P H N N L G Ö T D N
H U J A M B E D Ü D Y O D A Y A
P C N R O J Y G R F O L N V M E
B Z G A F Z E D Ö O B U Ü K U Y
D L I K B E Y I G D K P G E C T
G Ö K A D A A S T R O N O M İ D
```

ASTRONOMİ	ENLEM
ASTRONOM	BOYLAM
ATMOSFER	AY
KARANLIK	YÖRÜNGE
GÖKSEL	UFUK
GÖKYÜZÜ	GÜNEŞ
KOZMİK	GÜNDÖNÜMÜ
YARIMKÜRE	TELESKOP
EKVATOR	GÖRÜNÜR
GÖKADA	ZODYAK

95 - Jazz

```
I  İ  D  C  T  N  D  Z  C  K  D  V  K  C  T  K
D  T  I  F  K  M  İ  T  İ  R  L  B  N  E  O
Z  D  E  V  E  İ  K  P  G  Ü  Ü  N  L  Ü  K  N
O  A  J  I  Q  I  Q  K  C  C  R  A  E  P  N  S
Y  E  N  İ  Ç  T  A  N  A  S  V  V  L  A  İ  E
K  I  Z  Ü  M  D  P  N  B  D  U  E  U  B  K  R
E  O  O  R  K  E  S  T  R  A  R  Y  V  D  Ü  E
N  A  M  K  E  U  M  J  P  Y  G  M  A  O  U  M
E  C  O  P  L  K  Z  G  T  A  U  T  D  Ğ  H  Y
T  U  S  V  O  U  L  U  G  C  K  B  T  A  B  L
E  Q  G  N  Y  Z  S  K  C  N  B  D  L  Ç  L  B
Y  N  R  D  N  R  İ  C  E  T  S  E  B  L  L  T
B  Ş  I  K  L  A  K  S  G  S  U  K  Q  A  C  P
R  A  B  E  T  T  R  U  Y  T  Q  K  Q  M  N  F
U  Y  A  Q  Z  V  A  Z  O  O  E  J  M  A  L  M
I  K  A  Q  I  O  Ş  E  R  Y  N  B  F  R  G  S
```

ALBÜM	TÜR
ALKIŞ	DOĞAÇLAMA
SANATÇI	MÜZIK
DAVUL	YENI
ŞARKI	ORKESTRA
BESTECI	RİTİM
KOMPOZISYON	TARZ
KONSER	YETENEK
VURGU	TEKNİK
ÜNLÜ	YAŞ

96 - Vacanze #2

```
Q  T  E  H  F  Z  O  T  A  B  H  J  Z  D  L  E
R  M  Z  V  E  T  U  A  Q  A  O  S  U  N  Q  P
V  U  V  H  Z  D  N  P  L  A  J  Ş  Y  V  A  M
K  Q  Y  F  İ  J  E  R  E  S  T  O  R  A  N  Q
Z  F  O  A  V  K  M  F  T  M  P  C  E  N  Q  Q
T  F  T  N  O  F  Z  K  O  F  N  V  K  E  K  N
A  F  V  C  G  T  A  E  B  K  E  R  J  K  J  R
D  A  Ğ  L  A  R  A  L  F  A  R  Ğ  O  T  O  F
D  Ç  A  D  I  R  T  R  B  Q  T  S  V  Z  R  S
Q  E  B  O  Q  K  İ  J  K  U  A  B  Z  A  F  E
E  L  N  I  R  B  R  Z  Q  J  K  P  A  K  H  Y
C  J  U  I  C  N  A  B  A  Y  S  A  D  A  N  A
I  K  Z  G  Z  B  H  I  F  I  İ  T  G  A  T  H
T  Z  L  D  G  H  A  V  A  L  İ  M  A  N  I  A
T  A  Ş  I  M  A  C  I  L  I  K  P  H  J  C  T
V  N  L  V  P  A  S  A  P  O  R  T  J  V  J  L
```

HAVALİMANI	PLAJ
HEDEF	YABANCI
FOTOĞRAFLAR	TAKSİ
OTEL	BOŞ
ADA	ÇADIR
HARİTA	TAŞIMACILIK
DENIZ	TREN
DAĞLAR	SEYAHAT
PASAPORT	VİZE
RESTORAN	

97 - Attività

```
S  L  F  M  D  A  S  E  R  A  M  İ  K  N  Y  A
P  Y  B  O  P  A  U  R  N  M  Z  Q  Ö  I  Ü  R
E  B  O  Z  T  A  N  A  S  U  S  I  R  T  R  K
F  I  Ş  B  E  O  G  S  D  K  E  S  M  E  Ü  I
Z  R  D  A  S  R  Ğ  Q  R  O  P  Q  E  O  Y  J
C  E  J  Ş  I  A  H  R  A  L  N  U  Y  O  Ü  Z
R  C  V  İ  H  H  O  I  A  M  A  Y  O  B  Ş  G
E  E  H  K  I  A  A  C  M  F  H  N  M  R  N  L
P  B  V  İ  R  T  K  I  L  I  Ç  K  I  L  A  B
C  T  G  D  D  L  C  G  F  A  M  I  T  E  J  G
B  U  R  E  N  A  G  I  A  Y  L  Y  L  R  R  F
I  C  Q  Z  D  M  A  V  C  I  L  I  K  I  S  F
A  F  F  Y  R  A  L  A  C  A  M  L  U  B  K  I
H  F  Z  Q  I  F  F  Y  V  H  Z  M  Q  B  U  T
N  I  B  V  R  T  E  M  P  P  U  B  T  B  Z  B
Z  B  A  H  Ç  I  V  A  N  L  I  K  F  E  F  V
```

BECERI	OKUMA
SANAT	SIHIR
AVCILIK	ÖRME
SERAMİK	BALIKÇILIK
DİKİŞ	ZEVK
DANS	BOYAMA
YÜRÜYÜŞ	BULMACALAR
FOTOĞRAFÇILIK	RAHATLAMA
BAHÇIVANLIK	BOŞ
OYUNLAR	

98 - Diplomazia

```
A  D  A  L  E  T  K  C  E  A  R  Z  L  Q  T  K
S  A  S  M  E  M  L  S  J  T  Y  I  H  U  U  V
D  İ  Ç  L  E  K  Ü  Y  Ü  B  T  Z  F  T  P  Q
A  R  Y  Q  O  I  Ç  E  K  I  Ş  M  E  I  H  L
N  A  D  A  L  L  Q  A  İ  S  O  S  S  C  I  L
I  L  C  U  S  N  B  R  T  D  S  M  G  S  K  D
Ş  Ş  Z  P  A  E  U  Z  A  Y  N  A  P  M  A  K
M  A  E  F  T  V  T  E  M  Ü  K  Ü  H  A  M  İ
A  D  N  L  H  Ü  I  L  O  C  U  Q  B  D  Ş  T
N  N  Z  T  Ç  G  Q  K  L  J  L  J  Ü  İ  I  E
S  A  Y  G  L  İ  D  O  P  K  U  V  T  L  T  D
G  T  L  O  R  A  L  H  İ  R  L  R  Ü  L  R  Q
I  A  U  A  U  C  Ş  İ  D  B  P  P  N  E  A  C
G  V  Ç  Ö  Z  Ü  M  M  K  G  O  Y  L  R  T  J
İ  N  S  A  N  İ  I  B  A  D  T  Y  Ü  P  J  Q
C  O  S  İ  Ş  B  İ  R  L  İ  Ğ  İ  K  O  J  B
```

ELÇİLİK	ETİK
BÜYÜKELÇİ	ADALET
KAMPANYA	HÜKÜMET
VATANDAŞLAR	BÜTÜNLÜK
TOPLULUK	DİLLER
ÇEKIŞME	SİYASET
DANIŞMAN	GÜVENLIK
İŞBİRLİĞİ	ÇÖZÜM
DİPLOMATİK	ANTLAŞMA
TARTIŞMA	İNSANİ

99 - Forniture Artistiche

```
Y  M  D  C  B  F  J  M  T  H  V  M  E  D  E  A
A  A  Y  S  N  K  B  V  C  B  V  G  S  S  İ  K
R  P  K  V  U  H  D  K  U  Y  G  J  D  K  H  R
A  A  B  O  S  L  A  K  T  U  L  R  H  D  İ
T  V  R  E  N  K  U  V  N  R  R  M  A  S  A  L
I  N  E  R  Q  A  T  B  O  S  G  M  L  İ  K  İ
C  L  L  E  T  S  A  P  O  Y  Q  A  A  İ  N  K
I  H  M  L  T  F  G  M  K  Y  V  R  Ç  J  Q  Z
L  T  E  R  M  J  O  E  Ü  A  A  F  R  E  L  F
I  U  L  İ  S  İ  L  G  İ  R  M  H  I  P  D  K
K  I  A  K  K  Â  Ğ  I  T  O  E  E  F  Y  A  Ğ
D  K  K  İ  Y  I  R  K  D  A  K  K  R  Q  N  Y
M  Y  A  F  S  A  N  D  A  L  Y  E  K  A  L  N
V  J  G  H  U  U  Ş  Ö  V  A  L  E  R  E  P  Z
V  S  G  V  M  A  M  M  I  Y  I  R  L  A  P  U
J  I  E  S  G  M  D  U  M  F  S  T  U  J  Z  R
```

SU
SULUBOYA
AKRİLİK
KIL
KÂĞIT
ŞÖVALE
TUTKAL
RENK
YARATICILIK
SİLGİ

FİKİRLER
MÜREKKEP
KALEMLER
YAĞ
PASTEL
SANDALYE
FIRÇALAR
MASA
KAMERA

100 - Misurazioni

```
T  L  N  N  O  A  H  F  U  O  B  E  K  K  F  C
O  B  Y  N  J  B  G  V  F  L  M  L  İ  O  V  D
Z  O  F  O  S  D  U  J  Y  I  A  D  M  Y  N  G
O  C  G  K  T  H  G  O  Q  D  B  A  Y  Ü  O  V
D  F  M  I  C  A  H  M  M  K  D  K  A  K  Y  N
M  E  A  E  N  T  G  S  T  Y  D  İ  O  S  U  G
F  C  R  N  İ  B  D  R  O  E  O  K  P  E  O  K
K  E  G  I  Z  D  T  T  R  Q  H  A  T  K  N  R
I  R  E  Ç  N  İ  B  H  O  Q  T  O  N  L  S  K
Z  E  D  K  I  L  A  D  N  O  D  U  İ  I  A  I
J  D  I  H  S  K  I  L  R  I  Ğ  A  P  K  B  L
M  R  I  O  D  T  S  K  U  L  N  U  Z  U  A  Ş
V  E  R  T  E  M  İ  T  N  A  S  F  J  T  Y  I
S  P  T  K  İ  L  O  G  R  A  M  S  P  A  T  N
G  B  J  R  P  Y  I  G  G  G  B  L  İ  T  R  E
B  V  O  Q  E  R  T  E  M  O  L  İ  K  P  V  G
```

YÜKSEKLIK	UZUNLUK
BAYT	METRE
SANTİMETRE	DAKİKA
KİLOGRAM	ONS
KİLOMETRE	AĞIRLIK
ONDALIK	PİNT
DERECE	İNÇ
GRAM	DERINLIK
GENIŞLIK	TON
LİTRE	HACIM

1 - Scacchi

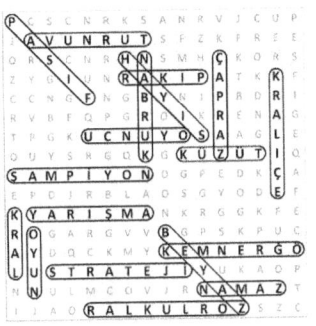

2 - Salute e Benessere #2

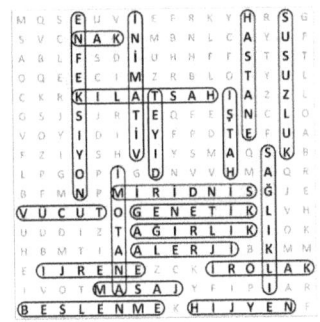

3 - Aggettivi #2

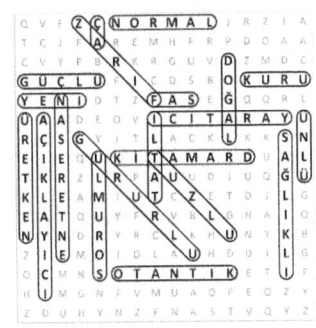

4 - Ingegneria

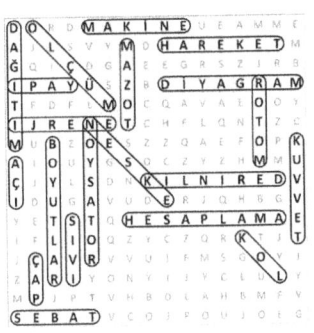

5 - Archeologia

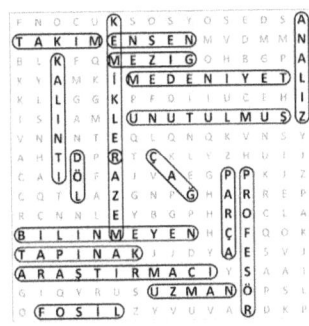

6 - Salute e Benessere #1

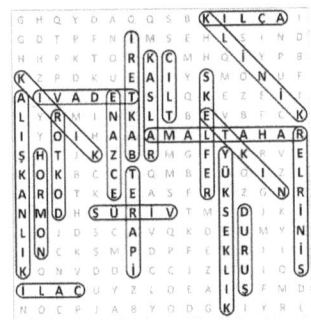

7 - Aggettivi #1

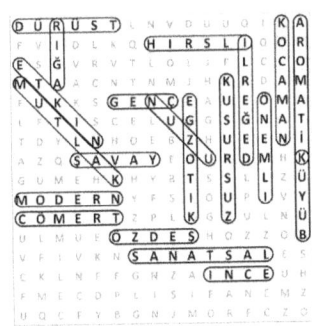

8 - Geologia

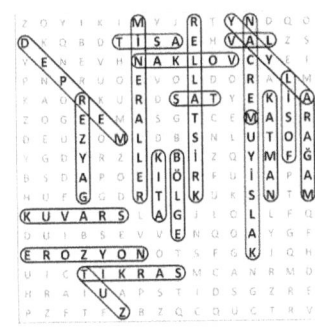

9 - Campeggio

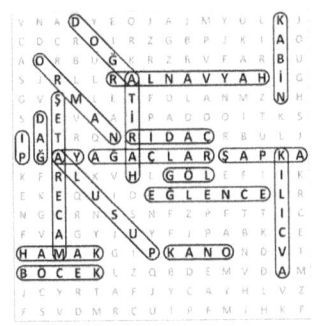

10 - Tempo

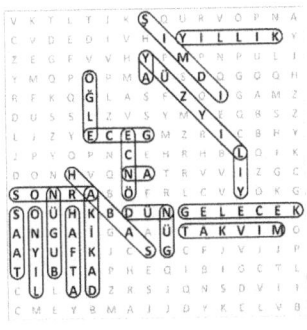

11 - Astronomia

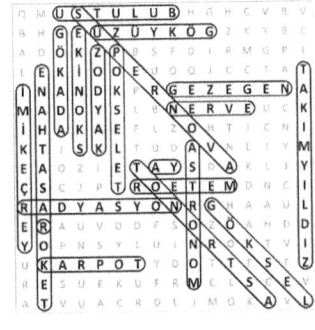

12 - Algebra

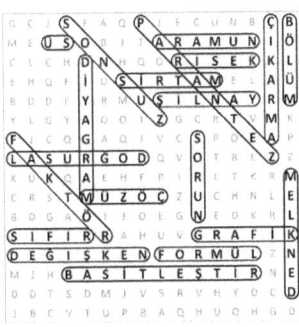

13 - Mitologia

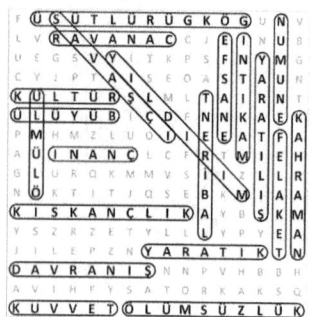

14 - Piante

15 - Spezie

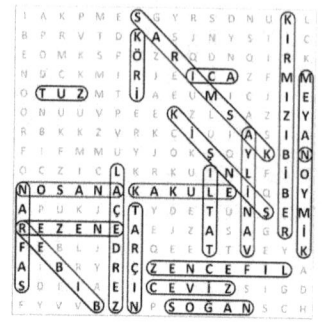

16 - Numeri

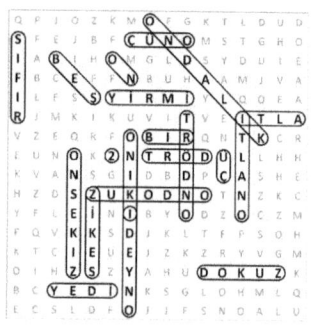

17 - Cioccolato

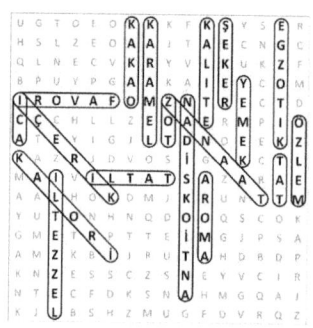

18 - Guida

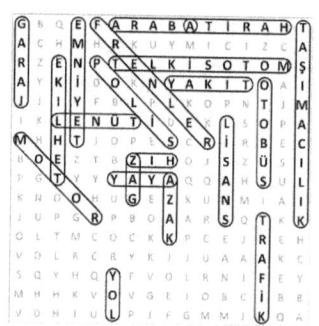

19 - Forza e Gravità

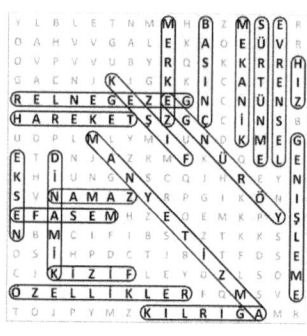

20 - Uccelli

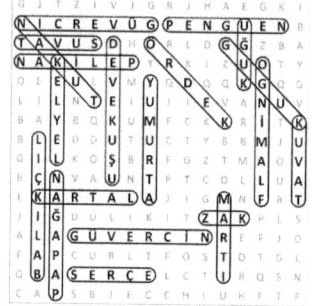

21 - Giorni e Mesi

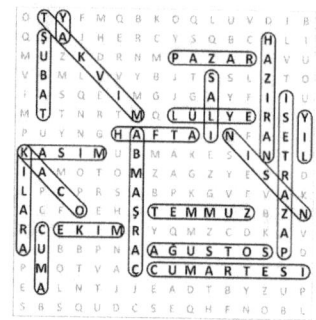

22 - Casa

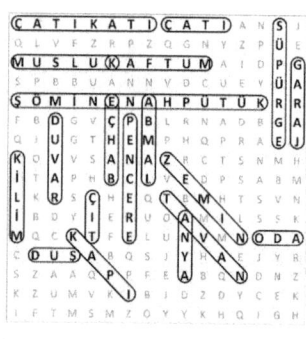

23 - Fantascienza

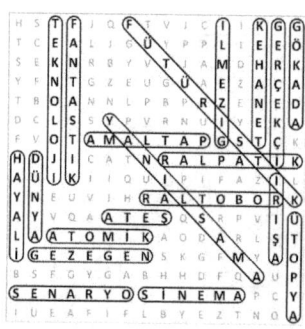

24 - Città

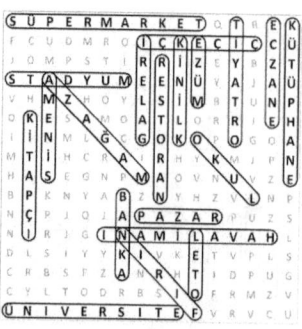

25 - Fattoria #1

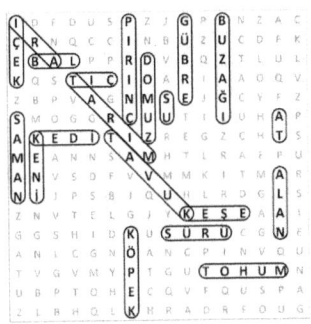

26 - Psicologia

27 - Paesaggi

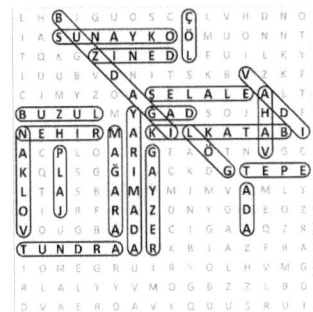

28 - Energia

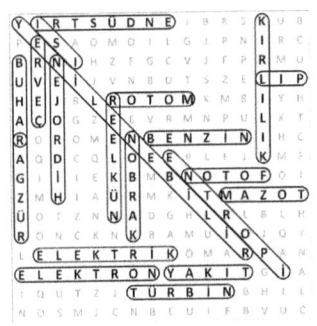

29 - Moda

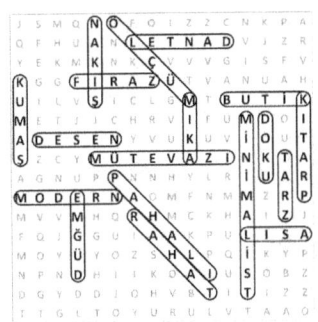

30 - L'Azienda

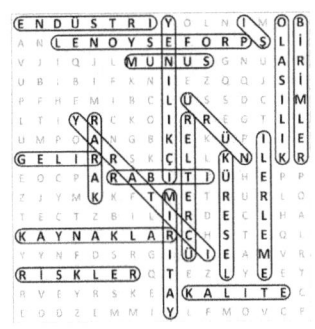

31 - Giardino

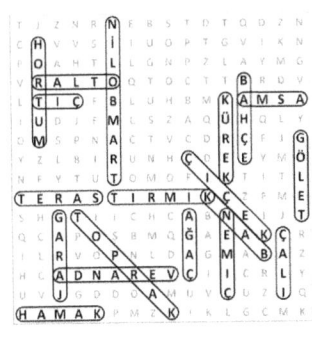

32 - Riscaldamento GI

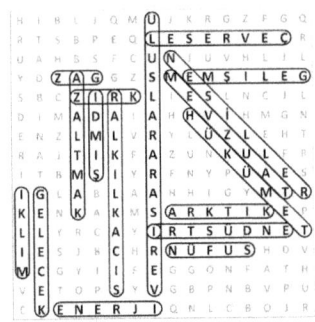

33 - Frutta

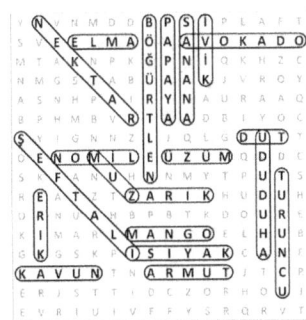

34 - Fattoria #2

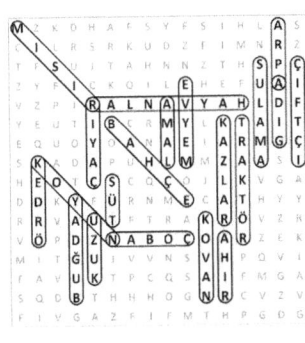

35 - Verdure

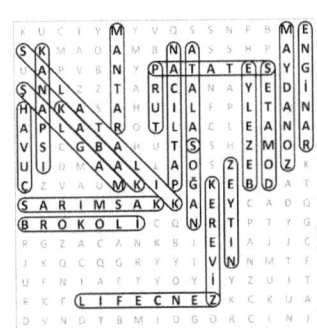

36 - Musica

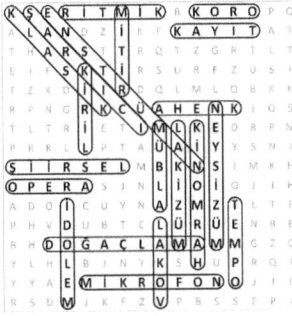

37 - Barbecue

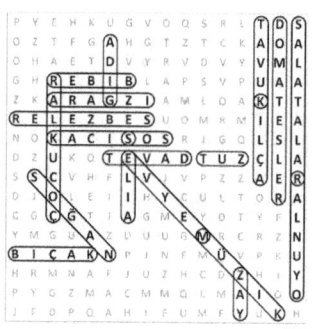

38 - Riempire

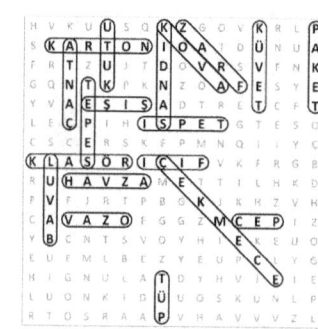

39 - Insetti

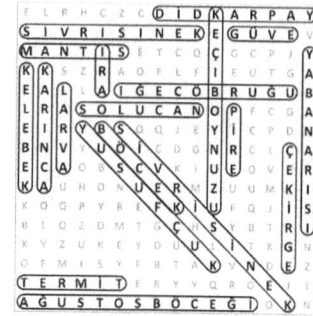

40 - Fisica

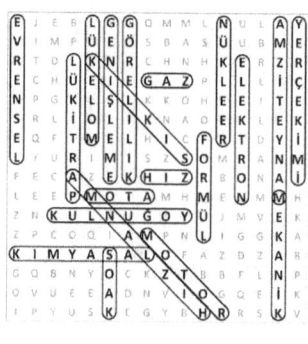

41 - Agronomia

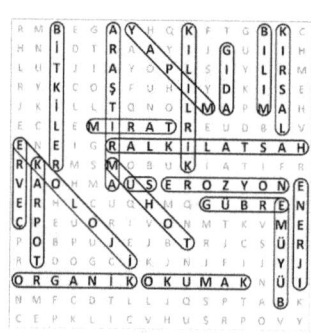

42 - Erboristeria

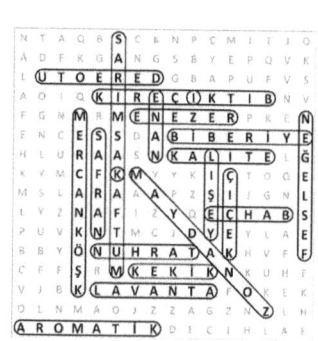

43 - Danza

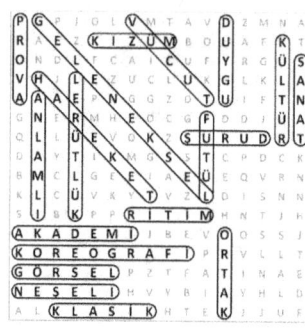

44 - Biologia

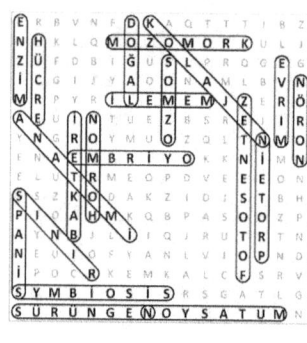

45 - Attività Commerciale

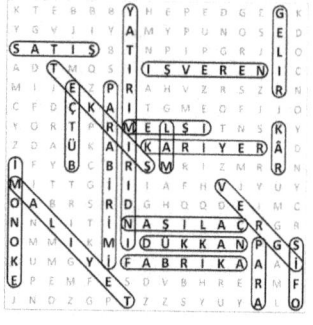

46 - Fiori

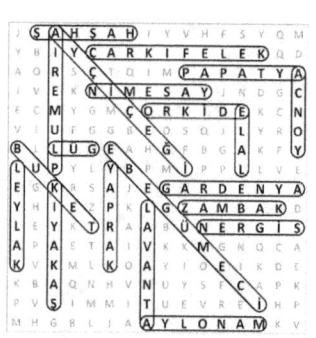

47 - Discipline Scientifiche

48 - Scienza

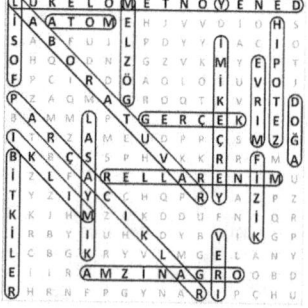

49 - Boxe

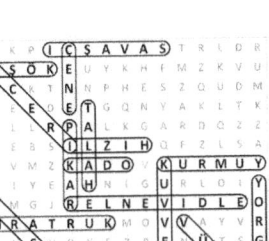

50 - Imbarcazioni

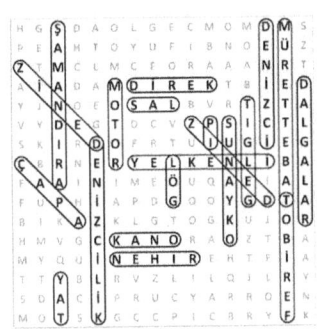

51 - Chimica

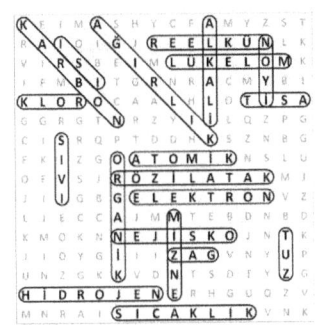

52 - Api

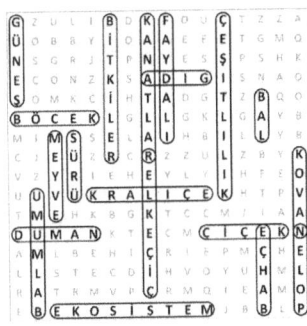

53 - Strumenti Musicali

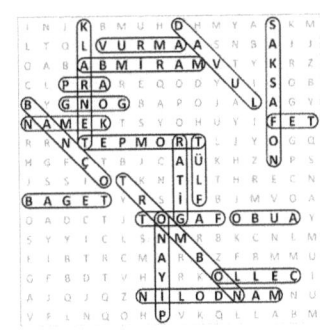

54 - Professioni #2

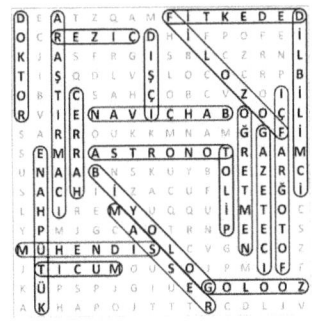

55 - Letteratura

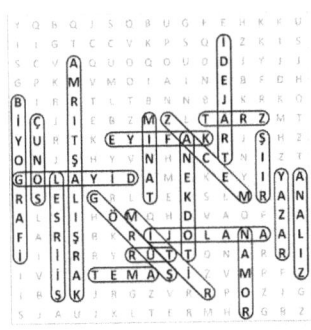

56 - Cibo #2

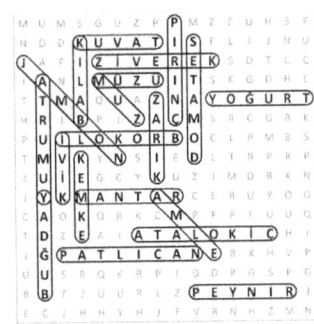

57 - Nutrizione

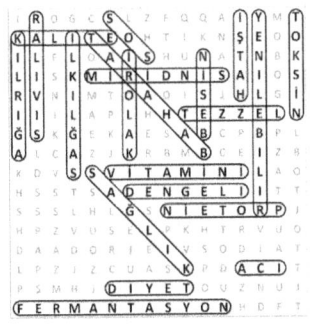

58 - Matematica

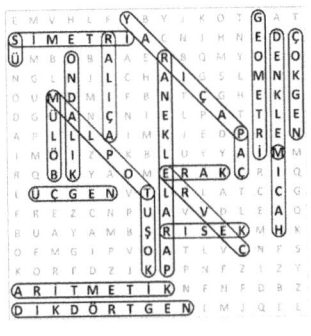

59 - Meditazione

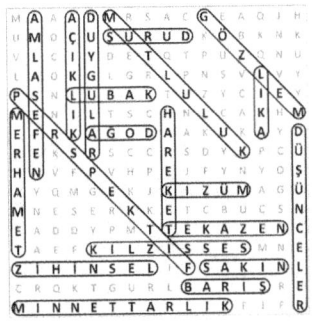

60 - Elettricità

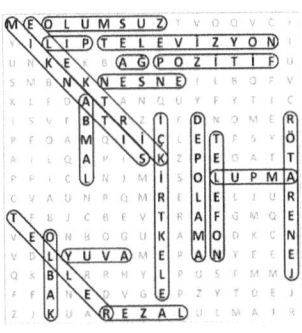

61 - Antiquariato

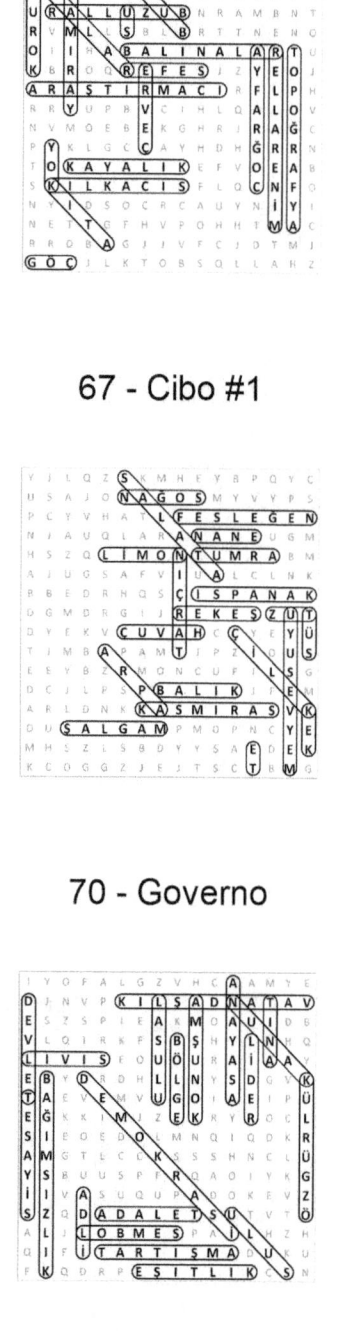

62 - Escursionismo

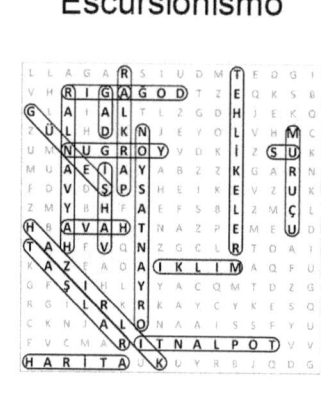
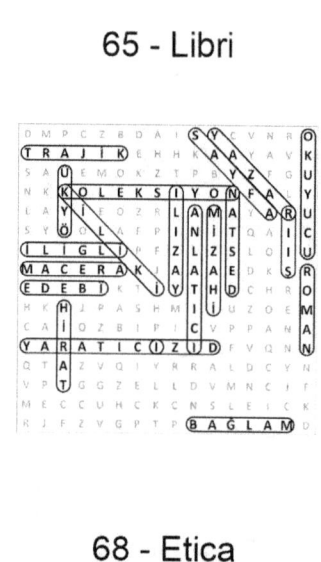
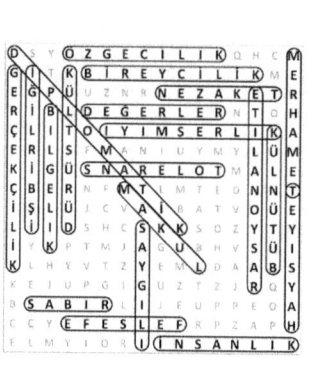
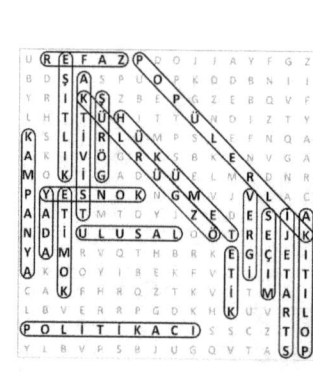

63 - Professioni #1

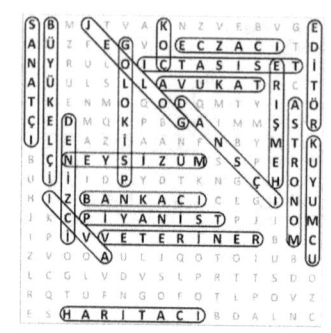

64 - Antartide

65 - Libri

66 - Geografia

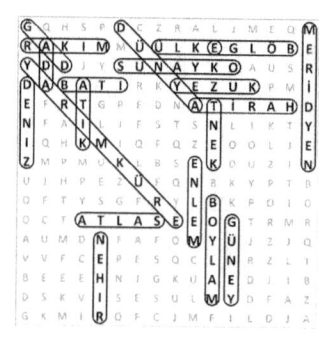

67 - Cibo #1

68 - Etica

69 - Aeroplani

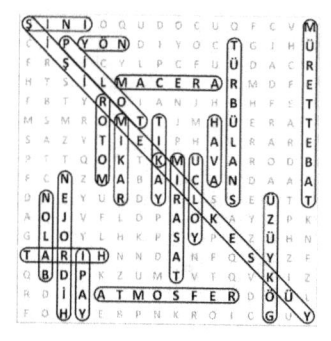

70 - Governo

71 - Politica

72 - Bellezza

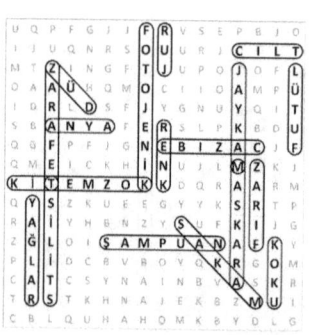

73 - Avventura

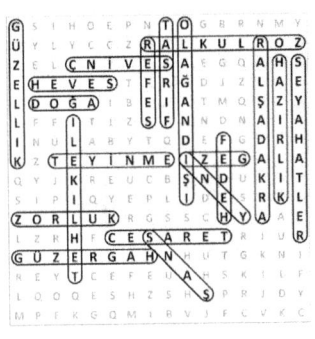

74 - Forme

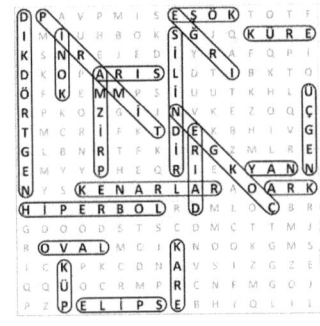

75 - Oceano

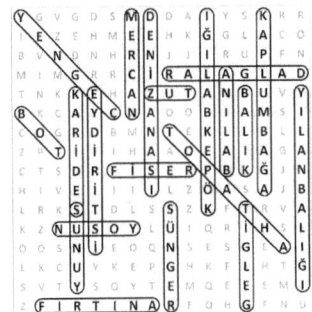

76 - Famiglia

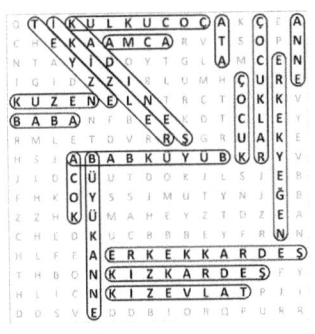

77 - Veicoli

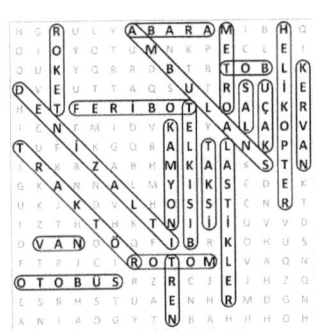

78 - Emozioni

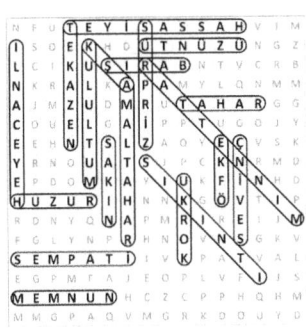

79 - Natura

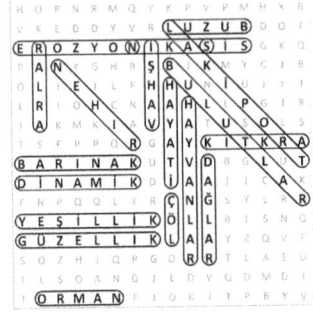

80 - Balletto

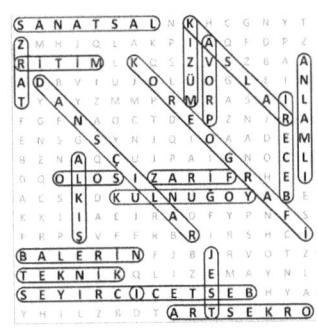

81 - Paesi #1

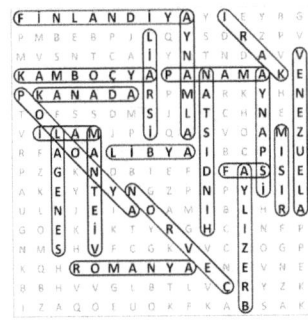

82 - Geometria

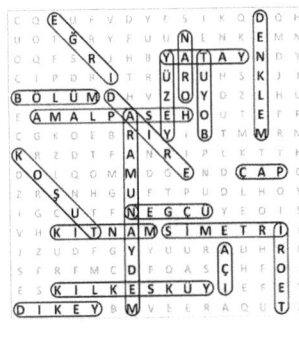

83 - Edifici

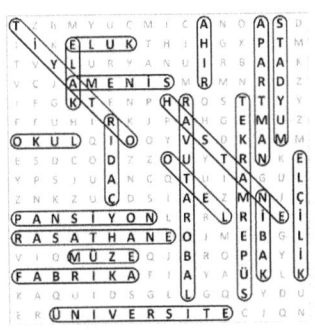

84 - Malattia

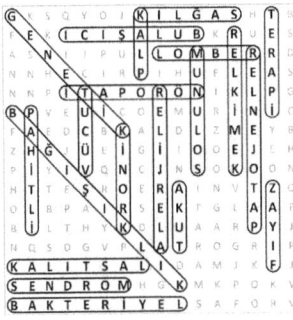

85 - Paesi #2

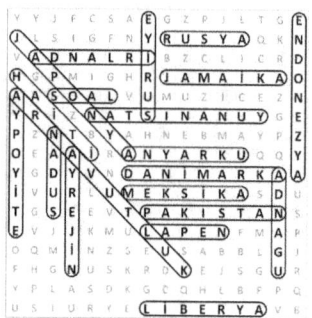

86 - Tipi di Capelli

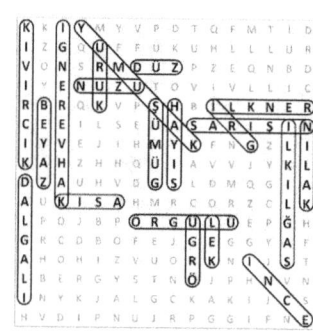

87 - Vestiti

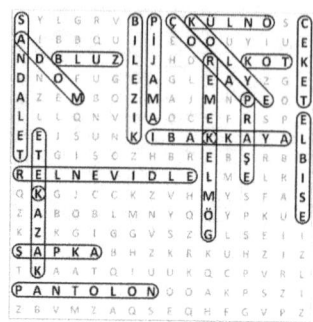

88 - Attività e Tempo Libero

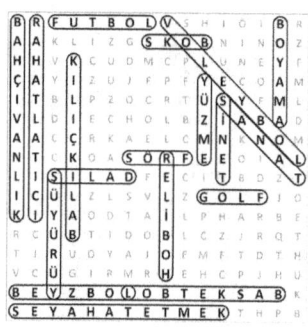

89 - Meteo

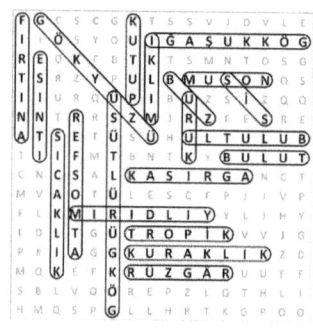

90 - Corpo Umano

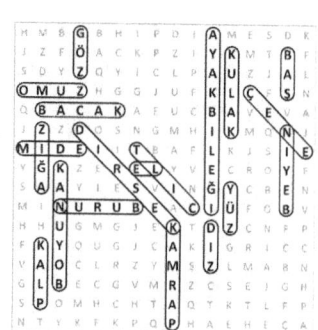

91 - Mammiferi

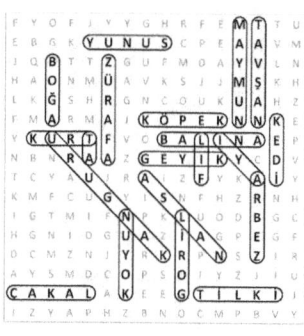

92 - Cucina

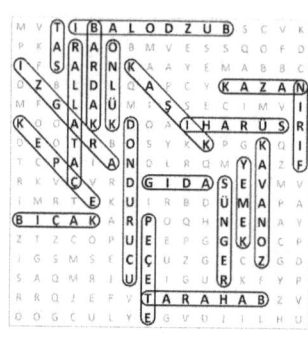

93 - Giardinaggio

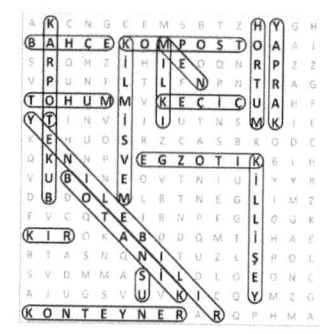

94 - Universo

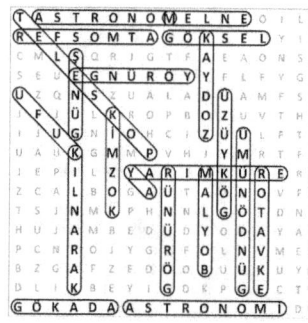

95 - Jazz

96 - Vacanze #2

97 - Attività

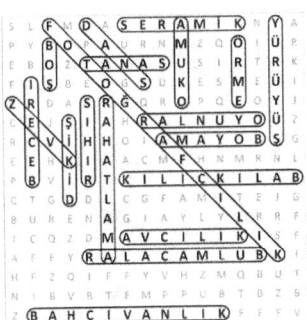

98 - Diplomazia

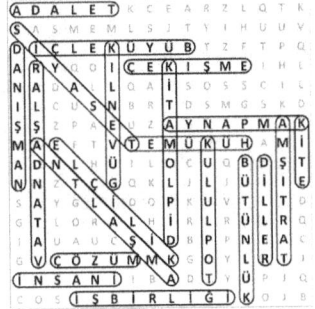

99 - Forniture Artistiche

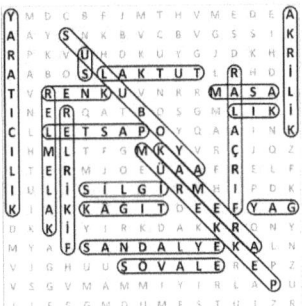

100 - Misurazioni

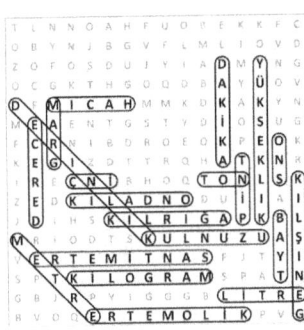

Dizionario

Aeroplani
Uçaklar

Altezza	Yükseklik
Altitudine	Rakim
Aria	Hava
Atmosfera	Atmosfer
Avventura	Macera
Carburante	Yakit
Cielo	Gökyüzü
Costruzione	Yapi
Design	Tasarim
Direzione	Yön
Discesa	Iniş
Equipaggio	Mürettebat
Gonfiare	Şişirmek
Idrogeno	Hidrojen
Motore	Motor
Palloncino	Balon
Passeggero	Yolcu
Pilota	Pilot
Storia	Tarih
Turbolenza	Türbülans

Aggettivi #1
Sıfatlar #1

Ambizioso	Hirsli
Aromatico	Aromatik
Artistico	Sanatsal
Assoluto	Mutlak
Attivo	Etkin
Enorme	Kocaman
Esotico	Egzotik
Generoso	Cömert
Giovane	Genç
Grande	Büyük
Identico	Özdeş
Importante	Önemli
Lento	Yavaş
Lungo	Uzun
Moderno	Modern
Onesto	Dürüst
Perfetto	Kusursuz
Pesante	Ağir
Prezioso	Değerli
Sottile	Ince

Aggettivi #2
Sıfatlar #2

Affamato	Aç
Asciutto	Kuru
Autentico	Otantik
Creativo	Yaratici
Descrittivo	Açiklayici
Dolce	Tatli
Drammatico	Dramatik
Elegante	Zarif
Famoso	Ünlü
Forte	Güçlü
Interessante	Enteresan
Naturale	Doğal
Normale	Normal
Nuovo	Yeni
Orgoglioso	Gururlu
Produttivo	Üretken
Puro	Saf
Responsabile	Sorumlu
Salato	Tuzlu
Sano	Sağlikli

Agronomia
Tarım

Acqua	Su
Agricoltura	Tarim
Ambiente	Çevre
Cibo	Gida
Crescita	Büyüme
Ecologia	Ekoloji
Energia	Enerji
Erosione	Erozyon
Fertilizzante	Gübre
Inquinamento	Kirlilik
Malattie	Hastaliklar
Organico	Organik
Piante	Bitkiler
Produzione	Yapim
Ricerca	Araştirma
Rurale	Kirsal
Scienza	Bilim
Semi	Tohum
Studio	Okumak
Suolo	Toprak

Algebra
Cebir

Diagramma	Diyagram
Divisione	Bölüm
Equazione	Denklem
Esponente	Üs
Falso	Yanliş
Fattore	Faktör
Formula	Formül
Frazione	Kesir
Grafico	Grafik
Infinito	Sonsuz
Lineare	Doğrusal
Matrice	Matris
Numero	Numara
Parentesi	Parantez
Problema	Sorun
Semplificare	Basitleştir
Soluzione	Çözüm
Sottrazione	Çikarma
Variabile	Değişken
Zero	Sifir

Antartide
Antarktika

Acqua	Su
Ambiente	Çevre
Baia	Koy
Balene	Balinalar
Conservazione	Koruma
Continente	Kita
Geografia	Coğrafya
Ghiacciai	Buzullar
Ghiaccio	Buz
Isole	Adalar
Migrazione	Göç
Minerali	Mineraller
Nuvole	Bulutlar
Penisola	Yarimada
Ricercatore	Araştirmaci
Roccioso	Kayalik
Scientifico	Bilimsel
Spedizione	Sefer
Temperatura	Sicaklik
Topografia	Topoğrafya

Antiquariato
Antikacılar

Arte	Sanat
Autentico	Otantik
Condizione	Şart
Decorativo	Dekoratif
Elegante	Zarif
Galleria	Galeri
Gioiello	Taki
Insolito	Olağan Dişi
Investimento	Yatirim
Mobilio	Mobilya
Monete	Sikke
Prezzo	Fiyat
Qualità	Kalite
Restauro	Restorasyon
Scultura	Heykel
Secolo	Yüzyil
Stile	Tarz
Valore	Değer
Vecchio	Yaş

Api
Arılar

Ali	Kanatlar
Alveare	Kovan
Benefico	Faydali
Cera	Balmumu
Cibo	Gida
Diversità	Çeşitlilik
Ecosistema	Ekosistem
Fiori	Çiçekler
Fiorire	Çiçek
Frutta	Meyve
Fumo	Duman
Giardino	Bahçe
Insetto	Böcek
Miele	Bal
Piante	Bitkiler
Polline	Polen
Regina	Kraliçe
Sciame	Sürü
Sole	Güneş

Archeologia
Arkeoloji

Analisi	Analiz
Civiltà	Medeniyet
Dimenticato	Unutulmuş
Discendente	Döl
Era	Çağ
Esperto	Uzman
Fossile	Fosil
Frammenti	Parça
Mistero	Gizem
Oggetti	Nesne
Ossa	Kemikler
Professore	Profesör
Reliquia	Kalinti
Ricercatore	Araştirmaci
Sconosciuto	Bilinmeyen
Squadra	Takim
Tempio	Tapinak
Tomba	Mezar
Valutazione	Değerlendirme

Astronomia
Astronomi

Astronauta	Astronot
Astronomo	Astronom
Celeste	Göksel
Cielo	Gökyüzü
Costellazione	Takimyildiz
Equinozio	Ekinoks
Galassia	Gökada
Gravità	Yerçekimi
Luna	Ay
Meteora	Meteor
Nebulosa	Bulutsu
Osservatorio	Rasathane
Pianeta	Gezegen
Radiazione	Radyasyon
Razzo	Roket
Supernova	Süpernova
Telescopio	Teleskop
Terra	Toprak
Universo	Evren
Zodiaco	Zodyak

Attività
Etkinlikler

Abilità	Beceri
Arte	Sanat
Caccia	Avcilik
Ceramica	Seramik
Cucire	Dikiş
Danza	Dans
Escursioni	Yürüyüş
Fotografia	Fotoğrafçilik
Giardinaggio	Bahçivanlik
Giochi	Oyunlar
Lettura	Okuma
Magia	Sihir
Maglieria	Örme
Pesca	Balikçilik
Piacere	Zevk
Pittura	Boyama
Puzzle	Bulmacalar
Rilassamento	Rahatlama
Tempo Libero	Boş

Attività Commerciale
İşletme

Bilancio	Bütçe
Carriera	Kariyer
Costo	Maliyet
Datore di Lavoro	Işveren
Dipendente	Çalişan
Economia	Ekonomi
Fabbrica	Fabrika
Investimento	Yatirim
Merce	Mal
Negozio	Dükkan
Profitto	Kâr
Reddito	Gelir
Sconto	Indirim
Società	Şirket
Soldi	Para
Tasse	Vergi
Transazione	Işlem
Ufficio	Ofis
Valuta	Para Birimi
Vendita	Satiş

Attività e Tempo Libero
Aktiviteler ve boş Zaman

Arte	Sanat
Baseball	Beyzbol
Basket	Basketbol
Boxe	Boks
Calcio	Futbol
Escursioni	Yürüyüş
Giardinaggio	Bahçivanlik
Golf	Golf
Hobby	Hobiler
Immersione	Daliş
Nuoto	Yüzme
Pallavolo	Voleybol
Pesca	Balikçilik
Pittura	Boyama
Rilassante	Rahatlatici
Surf	Sörf
Tennis	Tenis
Viaggio	Seyahat Etmek

Avventura
Macera

Amici	Arkadaşlar
Bellezza	Güzellik
Caso	Şans
Coraggio	Cesaret
Destinazione	Hedef
Difficoltà	Zorluk
Entusiasmo	Heves
Escursione	Gezi
Gioia	Sevinç
Insolito	Olağan Dişi
Itinerario	Güzergah
Natura	Doğa
Navigazione	Sefer
Nuovo	Yeni
Opportunità	Firsat
Pericoloso	Tehlikeli
Preparazione	Hazirlik
Sfide	Zorluklar
Sicurezza	Emniyet
Viaggi	Seyahatler

Balletto
Bale

Abilità	Beceri
Applauso	Alkiş
Artistico	Sanatsal
Assolo	Solo
Ballerina	Balerin
Ballerini	Dansçilar
Compositore	Besteci
Coreografia	Koreografi
Espressivo	Anlamli
Gesto	Jest
Grazioso	Zarif
Intensità	Yoğunluk
Muscoli	Kaslar
Musica	Müzik
Orchestra	Orkestra
Prova	Prova
Pubblico	Seyirci
Ritmo	Ritim
Stile	Tarz
Tecnica	Teknik

Barbecue
Barbeküler

Bambini	Çocuklar
Caldo	Sicak
Cibo	Gida
Cipolle	Soğan
Coltelli	Biçak
Estate	Yaz
Fame	Açlik
Famiglia	Aile
Frutta	Meyve
Giochi	Oyunlar
Griglia	Izgara
Insalate	Salatalar
Invito	Davet
Musica	Müzik
Pepe	Biber
Pollo	Tavuk
Pomodori	Domatesler
Sale	Tuz
Salsa	Sos
Verdure	Sebzeler

Bellezza
Güzellik

Colore	Renk
Cosmetici	Kozmetik
Elegante	Zarif
Eleganza	Zarafet
Fascino	Cazibe
Forbici	Makas
Fotogenico	Fotojenik
Fragranza	Koku
Grazia	Lütuf
Liscio	Düz
Mascara	Maskara
Oli	Yağlar
Pelle	Cilt
Rossetto	Ruj
Shampoo	Şampuan
Specchio	Ayna
Stilista	Stilist
Trucco	Makyaj

Biologia
Biyoloji

Anatomia	Anatomi
Batteri	Bakteri
Cellula	Hücre
Collagene	Kolajen
Cromosoma	Kromozom
Embrione	Embriyo
Enzima	Enzim
Evoluzione	Evrim
Fotosintesi	Fotosentez
Mammifero	Memeli
Mutazione	Mutasyon
Naturale	Doğal
Nervo	Sinir
Neurone	Nöron
Ormone	Hormon
Osmosi	Ozmos
Proteina	Protein
Rettile	Sürüngen
Simbiosi	Symbiosis
Sinapsi	Sinaps

Boxe
Kutulama

Abilità	Beceri
Angolo	Köşe
Arbitro	Hakem
Avversario	Rakip
Calcio	Tekmelemek
Campana	Zil
Combattente	Savaşçi
Corde	Halat
Corpo	Vücut
Esaurito	Yorgun
Forza	Kuvvet
Fuoco	Odak
Gomito	Dirsek
Guanti	Eldivenler
Mento	Çene
Pugno	Yumruk
Rapido	Hizli
Recupero	Kurtarma

Campeggio
Kamp Yapmak

Alberi	Ağaçlar
Amaca	Hamak
Animali	Hayvanlar
Avventura	Macera
Bussola	Pusula
Cabina	Kabin
Caccia	Avcilik
Canoa	Kano
Cappello	Şapka
Corda	Ip
Divertimento	Eğlence
Foresta	Orman
Fuoco	Ateş
Insetto	Böcek
Lago	Göl
Luna	Ay
Mappa	Harita
Montagna	Dağ
Natura	Doğa
Tenda	Çadir

Casa
Ev

Attico	Çati Kati
Biblioteca	Kütüphane
Camera	Oda
Camino	Şömine
Cucina	Mutfak
Doccia	Duş
Finestra	Pencere
Garage	Garaj
Giardino	Bahçe
Lampada	Lamba
Parete	Duvar
Pavimento	Zemin
Porta	Kapi
Recinto	Çit
Rubinetto	Musluk
Scopa	Süpürge
Soffitto	Tavan
Specchio	Ayna
Tappeto	Kilim
Tetto	Çati

Chimica
Kimya

Acido	Asit
Alcalino	Alkali
Atomico	Atomik
Calore	Isi
Carbonio	Karbon
Catalizzatore	Katalizör
Cloro	Klor
Elettrone	Elektron
Enzima	Enzim
Gas	Gaz
Idrogeno	Hidrojen
Ione	İyon
Liquido	Sivi
Molecola	Molekül
Nucleare	Nükleer
Organico	Organik
Ossigeno	Oksijen
Peso	Ağirlik
Sale	Tuz
Temperatura	Sicaklik

Cibo #1
Yemek #1

Aglio	Sarimsak
Basilico	Fesleğen
Cannella	Tarçin
Carne	Et
Carota	Havuç
Cipolla	Soğan
Fragola	Çilek
Insalata	Salata
Latte	Süt
Limone	Limon
Menta	Nane
Orzo	Arpa
Pera	Armut
Rapa	Şalgam
Sale	Tuz
Spinaci	Ispanak
Succo	Meyve Suyu
Tonno	Balik
Torta	Kek
Zucchero	Şeker

Cibo #2
Yemek #2

Banana	Muz
Broccolo	Brokoli
Ciliegia	Kiraz
Cioccolato	Çikolata
Formaggio	Peynir
Fungo	Mantar
Grano	Buğday
Kiwi	Kivi
Mela	Elma
Melanzana	Patlican
Pane	Ekmek
Pesce	Balik
Pollo	Tavuk
Pomodoro	Domates
Prosciutto	Jambon
Riso	Pirinç
Sedano	Kereviz
Uovo	Yumurta
Uva	Üzüm
Yogurt	Yoğurt

Cioccolato
Çikolatalı

Amaro	Acı
Antiossidante	Antioksidan
Aroma	Aroma
Artigianale	Zanaat
Brama	Özlem
Cacao	Kakao
Calorie	Kalori
Caramello	Karamel
Delizioso	Lezzetli
Dolce	Tatlı
Esotico	Egzotik
Gusto	Tat
Ingrediente	İçerik
Mangiare	Yemek
Polvere	Toz
Preferito	Favori
Qualità	Kalite
Zucchero	Şeker

Città
Kasaba

Aeroporto	Havalimani
Banca	Banka
Biblioteca	Kütüphane
Cinema	Sinema
Clinica	Klinik
Farmacia	Eczane
Fiorista	Çiçekçi
Galleria	Galeri
Hotel	Otel
Libreria	Kitapçı
Mercato	Pazar
Museo	Müze
Negozio	Mağaza
Panetteria	Firin
Ristorante	Restoran
Scuola	Okul
Stadio	Stadyum
Supermercato	Süpermarket
Teatro	Tiyatro
Università	Üniversite

Corpo Umano
İnsan Vücudu

Bocca	Ağız
Caviglia	Ayak Bileği
Cervello	Beyin
Collo	Boyun
Cuore	Kalp
Dito	Parmak
Faccia	Yüz
Gamba	Bacak
Ginocchio	Diz
Gomito	Dirsek
Mano	El
Mento	Çene
Naso	Burun
Occhio	Göz
Orecchio	Kulak
Pelle	Cilt
Sangue	Kan
Spalla	Omuz
Stomaco	Mide
Testa	Baş

Cucina
Mutfak

Bollitore	Kazan
Brocca	Sürahi
Cibo	Gıda
Ciotola	Tas
Coltelli	Bıçak
Congelatore	Dondurucu
Cucchiai	Kaşık
Forchette	Çatallar
Forno	Firin
Frigorifero	Buzdolabi
Grembiule	Önlük
Griglia	Izgara
Mangiare	Yemek
Mestolo	Kepçe
Spezie	Baharat
Spugna	Sünger
Tazze	Bardak
Tovagliolo	Peçete
Vaso	Kavanoz

Danza
Dans

Accademia	Akademi
Arte	Sanat
Classico	Klasik
Compagno	Ortak
Coreografia	Koreografi
Corpo	Vücut
Cultura	Kültür
Culturale	Kültürel
Emozione	Duygu
Espressivo	Anlamli
Gioioso	Neşeli
Grazia	Lütuf
Movimento	Hareket
Musica	Müzik
Postura	Duruş
Prova	Prova
Ritmo	Ritim
Tradizionale	Geleneksel
Visivo	Görsel

Diplomazia
Diplomasi

Ambasciata	Elçilik
Ambasciatore	Büyükelçi
Campagne	Kampanya
Cittadini	Vatandaşlar
Comunità	Topluluk
Conflitto	Çekişme
Consigliere	Danışman
Cooperazione	İşbirliği
Diplomatico	Diplomatik
Discussione	Tartışma
Etica	Etik
Giustizia	Adalet
Governo	Hükümet
Integrità	Bütünlük
Lingue	Diller
Politica	Siyaset
Sicurezza	Güvenlik
Soluzione	Çözüm
Trattato	Antlaşma
Umanitario	İnsani

Discipline Scientifiche
Bilimsel Disiplinler

Anatomia	Anatomi
Archeologia	Arkeoloji
Astronomia	Astronomi
Biochimica	Biyokimya
Biologia	Biyoloji
Botanica	Botanik
Chimica	Kimya
Ecologia	Ekoloji
Fisiologia	Fizyoloji
Geologia	Jeoloji
Immunologia	İmmünoloji
Linguistica	Dilbilim
Meccanica	Mekanik
Meteorologia	Meteoroloji
Mineralogia	Mineraloji
Neurologia	Nöroloji
Psicologia	Psikoloji
Sociologia	Sosyoloji
Termodinamica	Termodinamik
Zoologia	Zooloji

Edifici
Site

Ambasciata	Elçilik
Appartamento	Apartman
Cabina	Kabin
Castello	Kale
Cinema	Sinema
Fabbrica	Fabrika
Fienile	Ahir
Hotel	Otel
Laboratorio	Laboratuvar
Museo	Müze
Ospedale	Hastane
Osservatorio	Rasathane
Ostello	Pansiyon
Scuola	Okul
Stadio	Stadyum
Supermercato	Süpermarket
Teatro	Tiyatro
Tenda	Çadir
Torre	Kule
Università	Üniversite

Elettricità
Elektrik

Batteria	Pil
Cavo	Kablo
Conservazione	Depolama
Elettricista	Elektrikçi
Elettrico	Elektrik
Fili	Teller
Generatore	Jeneratör
Lampada	Lamba
Lampadina	Ampul
Laser	Lazer
Magnete	Miknatis
Negativo	Olumsuz
Oggetti	Nesne
Positivo	Pozitif
Presa	Yuva
Rete	Ağ
Telefono	Telefon
Televisione	Televizyon

Emozioni
Duygular

Amore	Aşk
Beatitudine	Mutluluk
Calma	Sakin
Eccitato	Heyecanli
Gentilezza	Nezaket
Gioia	Sevinç
Grato	Minnettar
Noia	Sikinti
Pace	Bariş
Paura	Korku
Rabbia	Öfke
Rilassato	Rahat
Rilievo	Rahatlama
Simpatia	Sempati
Soddisfatto	Memnun
Sorpresa	Sürpriz
Tenerezza	Hassasiyet
Tranquillità	Huzur
Tristezza	Üzüntü

Energia
Enerji

Ambiente	Çevre
Batteria	Pil
Benzina	Benzin
Calore	Isi
Carbonio	Karbon
Carburante	Yakit
Diesel	Mazot
Elettrico	Elektrik
Elettrone	Elektron
Entropia	Entropi
Fotone	Foton
Idrogeno	Hidrojen
Industria	Endüstri
Inquinamento	Kirlilik
Motore	Motor
Nucleare	Nükleer
Rinnovabile	Yenilenebilir
Turbina	Türbin
Vapore	Buhar
Vento	Rüzgar

Erboristeria
Bitkicilik

Aglio	Sarimsak
Aneto	Dereotu
Aromatico	Aromatik
Basilico	Fesleğen
Culinario	Mutfak
Dragoncello	Tarhun
Finocchio	Rezene
Fiore	Çiçek
Giardino	Bahçe
Ingrediente	Içerik
Lavanda	Lavanta
Maggiorana	Mercanköşk
Menta	Nane
Pianta	Bitki
Prezzemolo	Maydanoz
Qualità	Kalite
Rosmarino	Biberiye
Timo	Kekik
Verde	Yeşil
Zafferano	Safran

Escursionismo
Yürüyüş

Acqua	Su
Animali	Hayvanlar
Clima	Iklim
Mappa	Harita
Meteo	Hava
Montagna	Dağ
Natura	Doğa
Orientamento	Oryantasyon
Parchi	Parklar
Pericoli	Tehlikeler
Pesante	Ağır
Pietre	Taşlar
Preparazione	Hazirlik
Scogliera	Uçurum
Selvaggio	Vahşi
Sole	Güneş
Stanco	Yorgun
Vertice	Toplanti

Etica
Etik

Altruismo	Özgecilik
Compassione	Merhamet
Cooperazione	İşbirliği
Dignità	Haysiyet
Diplomatico	Diplomatik
Filosofia	Felsefe
Gentilezza	Nezaket
Individualismo	Bireycilik
Integrità	Bütünlük
Onestà	Dürüstlük
Ottimismo	Iyimserlik
Pazienza	Sabir
Ragionevole	Makul
Razionalità	Rasyonalite
Realismo	Gerçekçilik
Rispettoso	Saygili
Saggezza	Bilgelik
Tolleranza	Tolerans
Umanità	İnsanlik
Valori	Değerler

Famiglia
Aile

Antenato	Ata
Bambini	Çocuklar
Bambino	Çocuk
Cugino	Kuzen
Figlia	Kiz Evlat
Fratello	Erkek Kardeş
Gemelli	İkizler
Infanzia	Çocukluk
Madre	Anne
Marito	Koca
Moglie	Kadin Eş
Nipote	Erkek Yeğen
Nonna	Büyükanne
Nonno	Büyük Baba
Padre	Baba
Sorella	Kiz Kardeş
Zia	Teyze
Zio	Amca

Fantascienza
Bilim Kurgu

Atomico	Atomik
Cinema	Sinema
Esplosione	Patlama
Estremo	Aşiri
Fantastico	Fantastik
Fuoco	Ateş
Futuristico	Fütüristik
Galassia	Gökada
Illusione	Yanilsama
Immaginario	Hayali
Libri	Kitaplar
Misterioso	Gizemli
Mondo	Dünya
Oracolo	Kehanet
Pianeta	Gezegen
Realistico	Gerçekçi
Robot	Robotlar
Scenario	Senaryo
Tecnologia	Teknoloji
Utopia	Ütopya

Fattoria #1
Çiftlik #1

Acqua	Su
Agricoltura	Tarim
Ape	Ari
Asino	Eşek
Campo	Alan
Cane	Köpek
Capra	Keçi
Cavallo	At
Fertilizzante	Gübre
Fieno	Saman
Gatto	Kedi
Gregge	Sürü
Maiale	Domuz
Miele	Bal
Mucca	İnek
Pollo	Tavuk
Recinto	Çit
Riso	Pirinç
Semi	Tohum
Vitello	Buzaği

Fattoria #2
Çiftlik #2

Agnello	Kuzu
Agricoltore	Çiftçi
Alveare	Kovan
Anatra	Ördek
Animali	Hayvanlar
Cibo	Gida
Fienile	Ahir
Frutta	Meyve
Frutteto	Bahçe
Grano	Buğday
Irrigazione	Sulama
Lama	Lama
Latte	Süt
Mais	Misir
Oche	Kazlar
Orzo	Arpa
Pastore	Çoban
Pecora	Koyun
Prato	Çayir
Trattore	Traktör

Fiori
Çiçekler

Gardenia	Gardenya
Gelsomino	Yasemin
Giglio	Zambak
Girasole	Ayçiçeği
Ibisco	Ebegümeci
Lavanda	Lavanta
Lilla	Leylak
Magnolia	Manolya
Margherita	Papatya
Mazzo	Buket
Narciso	Nergis
Orchidea	Orkide
Papavero	Haşhaş
Passiflora	Çarkıfelek
Peonia	Şakayik
Petalo	Yaprak
Plumeria	Plumeria
Rosa	Gül
Trifoglio	Yonca
Tulipano	Lale

Fisica
Fizikçi

Accelerazione	Hizlanma
Atomo	Atom
Caos	Kaos
Chimico	Kimyasal
Densità	Yoğunluk
Elettrone	Elektron
Espansione	Genişleme
Formula	Formül
Frequenza	Siklik
Gas	Gaz
Gravità	Yerçekimi
Magnetismo	Manyetizma
Meccanica	Mekanik
Molecola	Molekül
Motore	Motor
Nucleare	Nükleer
Particella	Partikül
Relatività	Görelilik
Universale	Evrensel
Velocità	Hiz

Forme
Şekilliler

Angolo	Köşe
Arco	Ark
Bordi	Kenarlar
Cerchio	Daire
Cilindro	Silindir
Cono	Koni
Cubo	Küp
Curva	Eğri
Ellisse	Elips
Iperbole	Hiperbol
Lato	Yan
Linea	Sira
Ovale	Oval
Piramide	Piramit
Poligono	Çokgen
Prisma	Prizma
Quadrato	Kare
Rettangolo	Dikdörtgen
Sfera	Küre
Triangolo	Üçgen

Forniture Artistiche
Sanat Malzemeleri

Acqua	Su
Acquerelli	Suluboya
Acrilico	Akrilik
Argilla	Kil
Carta	Kâğit
Cavalletto	Şövale
Colla	Tutkal
Colori	Renk
Creatività	Yaraticilik
Gomma	Silgi
Idee	Fikirler
Inchiostro	Mürekkep
Matite	Kalemler
Olio	Yağ
Pastelli	Pastel
Sedia	Sandalye
Spazzole	Firçalar
Tavolo	Masa
Telecamera	Kamera

Forza e Gravità
Kuvvet ve Yerçekimi

Asse	Eksen
Attrito	Sürtünme
Centro	Merkez
Dinamico	Dinamik
Distanza	Mesafe
Espansione	Genişleme
Fisica	Fizik
Magnetismo	Manyetizma
Meccanica	Mekanik
Movimento	Hareket
Orbita	Yörünge
Peso	Ağirlik
Pianeti	Gezegenler
Pressione	Basinç
Proprietà	Özellikler
Scoperta	Keşif
Tempo	Zaman
Universale	Evrensel
Velocità	Hiz

Frutta
Meyve

Albicocca	Kayisi
Ananas	Ananas
Arancia	Turuncu
Avocado	Avokado
Bacca	Dut
Banana	Muz
Ciliegia	Kiraz
Kiwi	Kivi
Lampone	Ahududu
Limone	Limon
Mango	Mango
Mela	Elma
Melone	Kavun
Mora	Böğürtlen
Nettarina	Nektar
Papaia	Papaya
Pera	Armut
Pesca	Şeftali
Prugna	Erik
Uva	Üzüm

Geografia
Coğrafya

Altitudine	Rakim
Atlante	Atlas
Città	Kent
Continente	Kita
Emisfero	Yarimküre
Fiume	Nehir
Isola	Ada
Latitudine	Enlem
Longitudine	Boylam
Mappa	Harita
Mare	Deniz
Meridiano	Meridyen
Mondo	Dünya
Montagna	Dağ
Nord	Kuzey
Oceano	Okyanus
Ovest	Bati
Paese	Ülke
Sud	Güney
Territorio	Bölge

Geologia
Jeoloji

Acido	Asit
Altopiano	Yayla
Calcio	Kalsiyum
Caverna	Mağara
Continente	Kita
Corallo	Mercan
Cristalli	Kristaller
Erosione	Erozyon
Fossile	Fosil
Geyser	Gayzer
Lava	Lav
Minerali	Mineraller
Pietra	Taş
Quarzo	Kuvars
Sale	Tuz
Stalattite	Sarkit
Strato	Katman
Terremoto	Deprem
Vulcano	Volkan
Zona	Bölge

Geometria
Geometri

Altezza	Yükseklik
Angolo	Açi
Calcolo	Hesaplama
Cerchio	Daire
Curva	Eğri
Diametro	Çap
Dimensione	Boyut
Equazione	Denklem
Logica	Mantik
Mediano	Medyan
Numero	Numara
Orizzontale	Yatay
Parallelo	Koşut
Proporzione	Oran
Segmento	Bölüm
Simmetria	Simetri
Superficie	Yüzey
Teoria	Teori
Triangolo	Üçgen
Verticale	Dikey

Giardinaggio
Bahçıvanlık

Acqua	Su
Botanico	Botanik
Clima	Iklim
Commestibile	Yenilebilir
Compost	Kompost
Contenitore	Konteyner
Esotico	Egzotik
Floreale	Çiçek
Foglia	Yaprak
Fogliame	Yeşillik
Frutteto	Bahçe
Mazzo	Buket
Semi	Tohum
Sporco	Kir
Stagionale	Mevsimlik
Suolo	Toprak
Tubo	Hortum
Umidità	Nem

Giardino
Bahçe

Albero	Ağaç
Amaca	Hamak
Cespuglio	Çali
Erba	Çimen
Erbacce	Otlar
Fiore	Çiçek
Garage	Garaj
Giardino	Bahçe
Pala	Kürek
Panca	Bank
Portico	Veranda
Rastrello	Tirmik
Recinto	Çit
Stagno	Gölet
Suolo	Toprak
Terrazza	Teras
Trampolino	Trambolin
Tubo	Hortum
Vite	Asma

Giorni e Mesi
Günler ve Aylar

Agosto	Ağustos
Anno	Yil
Aprile	Nisan
Calendario	Takvim
Dicembre	Aralik
Domenica	Pazar
Febbraio	Şubat
Gennaio	Ocak
Giugno	Haziran
Luglio	Temmuz
Lunedì	Pazartesi
Martedì	Sali
Mercoledì	Çarşamba
Mese	Ay
Novembre	Kasim
Ottobre	Ekim
Sabato	Cumartesi
Settembre	Eylül
Settimana	Hafta
Venerdì	Cuma

Governo
Devlet

Capo	Lider
Cittadinanza	Vatandaşlik
Civile	Sivil
Costituzione	Anayasa
Democrazia	Demokrasi
Discorso	Konuşma
Discussione	Tartişma
Giudiziario	Adli
Giustizia	Adalet
Indipendenza	Bağimsizlik
Legge	Kanun
Libertà	Özgürlük
Monumento	Anit
Nazionale	Ulusal
Nazione	Ulus
Politica	Siyaset
Quartiere	Bölge
Simbolo	Sembol
Stato	Devlet
Uguaglianza	Eşitlik

Guida
Sürüş

Auto	Araba
Autobus	Otobüs
Carburante	Yakit
Freni	Frenler
Garage	Garaj
Gas	Gaz
Incidente	Kaza
Licenza	Lisans
Mappa	Harita
Moto	Motosiklet
Motore	Motor
Pedonale	Yaya
Pericolo	Tehlike
Polizia	Polis
Sicurezza	Emniyet
Strada	Yol
Traffico	Trafik
Trasporto	Taşimacilik
Tunnel	Tünel
Velocità	Hiz

Imbarcazioni
Tekneler

Albero	Direk
Ancora	Çapa
Barca a Vela	Yelkenli
Boa	Şamandira
Canoa	Kano
Corda	Ip
Equipaggio	Mürettebat
Fiume	Nehir
Lago	Göl
Mare	Deniz
Marea	Gelgit
Marinaio	Denizci
Marittimo	Denizcilik
Motore	Motor
Nautico	Deniz
Oceano	Okyanus
Onde	Dalgalar
Traghetto	Feribot
Yacht	Yat
Zattera	Sal

Ingegneria
Mühendislik

Angolo	Açi
Asse	Eksen
Calcolo	Hesaplama
Diagramma	Diyagram
Diametro	Çap
Diesel	Mazot
Dimensioni	Boyutlar
Distribuzione	Dağitim
Energia	Enerji
Forza	Kuvvet
Leve	Kol
Liquido	Sivi
Macchina	Makine
Misurazione	Ölçüm
Motore	Motor
Movimento	Hareket
Profondità	Derinlik
Rotazione	Rotasyon
Stabilità	Sebat
Struttura	Yapi

Insetti
Böcekler

Afide	Yaprakdid
Ape	Ari
Cavalletta	Çekirge
Cicala	Ağustosböceği
Coccinella	Uğur Böceği
Falena	Güve
Farfalla	Kelebek
Formica	Karinca
Larva	Larva
Libellula	Yusufçuk
Locusta	Keçiboynuzu
Mantide	Mantis
Moscerino	Sivrisinek
Pulce	Pire
Scarafaggio	Böcek
Termite	Termit
Verme	Solucan
Vespa	Yaban Arisi
Zanzara	Sivrisinek

Jazz
Cazcı

Album	Albüm
Applauso	Alkiş
Artista	Sanatçi
Batteria	Davul
Canzone	Şarki
Compositore	Besteci
Composizione	Kompozisyon
Concerto	Konser
Enfasi	Vurgu
Famoso	Ünlü
Genere	Tür
Improvvisazione	Doğaçlama
Musica	Müzik
Nuovo	Yeni
Orchestra	Orkestra
Ritmo	Ritim
Stile	Tarz
Talento	Yetenek
Tecnica	Teknik
Vecchio	Yaş

L'Azienda
Şirket

Creativo	Yaratici
Decisione	Karar
Globale	Küresel
Industria	Endüstri
Innovativo	Yenilikçi
Investimento	Yatirim
Occupazione	İş
Possibilità	Olasilik
Presentazione	Sunum
Prodotto	Ürün
Professionale	Profesyonel
Progresso	Ilerleme
Qualità	Kalite
Reddito	Gelir
Reputazione	Itibar
Rischi	Riskler
Risorse	Kaynaklar
Salari	Ücretler
Unità	Birimler

Letteratura
Edebiyat

Analisi	Analiz
Analogia	Analoji
Aneddoto	Anekdot
Autore	Yazar
Biografia	Biyografi
Conclusione	Sonuç
Confronto	Karşilaştirma
Descrizione	Tanim
Dialogo	Diyalog
Genere	Tür
Metafora	Mecaz
Opinione	Görüş
Poesia	Şiir
Poetico	Şiirsel
Rima	Kafiye
Ritmo	Ritim
Romanzo	Roman
Stile	Tarz
Tema	Tema
Tragedia	Trajedi

Libri
Kitaplar

Autore	Yazar
Avventura	Macera
Collezione	Koleksiyon
Contesto	Bağlam
Dualità	İkilik
Epico	Destan
Inventivo	Yaratici
Letterario	Edebî
Lettore	Okuyucu
Narratore	Anlatici
Pagina	Sayfa
Poesia	Şiir
Rilevante	İlgili
Romanzo	Roman
Scritto	Yazili
Serie	Dizi
Storia	Öykü
Storico	Tarih
Tragico	Trajik
Umoristico	Mizahi

Malattia
Hastalık

Acuto	Akut
Allergie	Alerjiler
Batterico	Bakteriyel
Contagioso	Bulaşici
Corpo	Vücut
Cronico	Kronik
Cuore	Kalp
Debole	Zayif
Ereditario	Kalitsal
Genetico	Genetik
Immunità	Bağişiklik
Infiammazione	İltihap
Lombare	Lomber
Neuropatia	Nöropati
Ossa	Kemikler
Patogeni	Patojenler
Respiratorio	Solunum
Salute	Sağlik
Sindrome	Sendrom
Terapia	Terapi

Mammiferi
Memeliler

Balena	Balina
Cane	Köpek
Canguro	Kanguru
Cavallo	At
Cervo	Geyik
Coniglio	Tavşan
Coyote	Çakal
Delfino	Yunus
Elefante	Fil
Gatto	Kedi
Giraffa	Zürafa
Gorilla	Goril
Leone	Aslan
Lupo	Kurt
Orso	Ayi
Pecora	Koyun
Scimmia	Maymun
Toro	Boğa
Volpe	Tilki
Zebra	Zebra

Matematica
Matematik

Angoli	Açilar
Aritmetica	Aritmetik
Decimale	Ondalik
Diametro	Çap
Divisione	Bölüm
Equazione	Denklem
Esponente	Üs
Frazione	Kesir
Geometria	Geometri
Parallelo	Koşut
Parallelogramma	Paralelkenar
Perimetro	Çevre
Poligono	Çokgen
Quadrato	Kare
Raggio	Yariçap
Rettangolo	Dikdörtgen
Simmetria	Simetri
Somma	Toplam
Triangolo	Üçgen
Volume	Hacim

Meditazione
Meditasyon

Accettazione	Kabul
Calma	Sakin
Chiarezza	Açiklik
Compassione	Merhamet
Emozioni	Duygular
Felicità	Mutluluk
Gentilezza	Nezaket
Gratitudine	Minnettarlik
Mentale	Zihinsel
Mente	Akil
Movimento	Hareket
Musica	Müzik
Natura	Doğa
Osservazione	Gözlem
Pace	Bariş
Pensieri	Düşünceler
Postura	Duruş
Prospettiva	Perspektif
Respirazione	Nefes Alma
Silenzio	Sessizlik

Meteo
Hava

Arcobaleno	Gökkuşaği
Asciutto	Kuru
Atmosfera	Atmosfer
Brezza	Esinti
Cielo	Gökyüzü
Clima	Iklim
Fulmine	Yildirim
Ghiaccio	Buz
Monsone	Muson
Nebbia	Sis
Nube	Bulut
Nuvoloso	Bulutlu
Polare	Kutup
Siccità	Kuraklik
Temperatura	Sicaklik
Tempesta	Firtina
Tornado	Kasirga
Tropicale	Tropik
Tuono	Gök Gürültüsü
Vento	Rüzgâr

Misurazioni
Ölçümler

Altezza	Yükseklik
Byte	Bayt
Centimetro	Santimetre
Chilogrammo	Kilogram
Chilometro	Kilometre
Decimale	Ondalik
Grado	Derece
Grammo	Gram
Larghezza	Genişlik
Litro	Litre
Lunghezza	Uzunluk
Metro	Metre
Minuto	Dakika
Oncia	Ons
Peso	Ağirlik
Pinta	Pint
Pollice	İnç
Profondità	Derinlik
Tonnellata	Ton
Volume	Hacim

Mitologia
Mitoloji

Archetipo	Numune
Comportamento	Davraniş
Creatura	Yaratik
Creazione	Yaratiliş
Credenze	Inanç
Cultura	Kültür
Disastro	Felaket
Eroe	Kahraman
Forza	Kuvvet
Fulmine	Yildirim
Gelosia	Kiskançlik
Guerriero	Savaşçi
Immortalità	Ölümsüzlük
Labirinto	Labirent
Leggenda	Efsane
Magico	Büyülü
Mortale	Ölümlü
Mostro	Canavar
Tuono	Gök Gürültüsü
Vendetta	Intikam

Moda
Moda

Boutique	Butik
Caro	Pahali
Confortevole	Rahat
Elegante	Zarif
Minimalista	Minimalist
Misure	Ölçüm
Modello	Desen
Moderno	Modern
Modesto	Mütevazi
Originale	Asil
Pizzo	Dantel
Pratico	Pratik
Pulsanti	Düğme
Ricamo	Nakiş
Stile	Tarz
Tendenza	Akim
Tessuto	Kumaş
Trama	Doku

Musica
Müzik

Album	Albüm
Armonia	Ahenk
Armonico	Harmonik
Cantante	Şarkici
Classico	Klasik
Coro	Koro
Improvvisare	Doğaçlama
Lirico	Lirik
Melodia	Melodi
Microfono	Mikrofon
Musicale	Müzikal
Musicista	Müzisyen
Opera	Opera
Poetico	Şiirsel
Registrazione	Kayit
Ritmico	Ritmik
Ritmo	Ritim
Strumento	Enstrüman
Tempo	Tempo
Vocale	Vokal

Natura
Doğa

Animali	Hayvanlar
Api	Arlar
Artico	Arktik
Bellezza	Güzellik
Deserto	Çöl
Dinamico	Dinamik
Erosione	Erozyon
Fiume	Nehir
Fogliame	Yeşillik
Foresta	Orman
Ghiacciaio	Buzul
Montagne	Dağlar
Nebbia	Sis
Nuvole	Bulutlar
Santuario	Barinak
Selvaggio	Vahşi
Sereno	Sakin
Tropicale	Tropikal
Vitale	Hayati

Numeri
Şiir

Cinque	Beş
Decimale	Ondalik
Diciannove	On Dokuz
Diciassette	On Yedi
Diciotto	Onsekiz
Dieci	On
Dodici	On Iki
Due	2
Nove	Dokuz
Otto	Sekiz
Quattordici	On Dört
Quattro	Dört
Sedici	On Alti
Sei	Alti
Sette	Yedi
Tre	Üç
Tredici	On Üç
Uno	Bir
Venti	Yirmi
Zero	Sifir

Nutrizione
Beslenme

Amaro	Aci
Appetito	Iştah
Bilanciato	Dengeli
Calorie	Kalori
Commestibile	Yenilebilir
Dieta	Diyet
Digestione	Sindirim
Fermentazione	Fermantasyon
Gusto	Lezzet
Liquidi	Sivilar
Nutriente	Besin
Peso	Ağirlik
Proteine	Protein
Qualità	Kalite
Salsa	Sos
Salute	Sağlik
Sano	Sağlikli
Spezie	Baharat
Tossina	Toksin
Vitamina	Vitamini

Oceano
Okyanus

Alghe	Yosun
Anguilla	Yilan Baliği
Balena	Balina
Barca	Bot
Corallo	Mercan
Delfino	Yunus
Gamberetto	Karides
Granchio	Yengeç
Maree	Gelgit
Medusa	Denizanasi
Onde	Dalgalar
Ostrica	İstiridye
Pesce	Balik
Polpo	Ahtapot
Sale	Tuz
Scogliera	Resif
Spugna	Sünger
Squalo	Köpekbaliği
Tartaruga	Kaplumbağa
Tempesta	Firtina

Paesaggi
Manzaralar

Cascata	Şelale
Collina	Tepe
Deserto	Çöl
Fiume	Nehir
Geyser	Gayzer
Ghiacciaio	Buzul
Grotta	Mağara
Iceberg	Buzdaği
Isola	Ada
Lago	Göl
Mare	Deniz
Montagna	Dağ
Oasi	Vaha
Oceano	Okyanus
Palude	Bataklik
Penisola	Yarimada
Spiaggia	Plaj
Tundra	Tundra
Valle	Vadi
Vulcano	Volkan

Paesi #1
Ülkeler #1

Brasile	Brezilya
Cambogia	Kamboçya
Canada	Kanada
Egitto	Misir
Finlandia	Finlandiya
Germania	Almanya
India	Hindistan
Iraq	Irak
Israele	İsrail
Libia	Libya
Mali	Mali
Marocco	Fas
Norvegia	Norveç
Panama	Panama
Polonia	Polonya
Romania	Romanya
Senegal	Senegal
Spagna	İspanya
Venezuela	Venezuela
Vietnam	Vietnam

Paesi #2
Ülkeler #2

Albania	Arnavutluk
Danimarca	Danimarka
Etiopia	Etiyopya
Giamaica	Jamaika
Giappone	Japonya
Grecia	Yunanistan
Haiti	Haiti
Indonesia	Endonezya
Irlanda	İrlanda
Laos	Laos
Liberia	Liberya
Messico	Meksika
Nepal	Nepal
Nigeria	Nijerya
Pakistan	Pakistan
Russia	Rusya
Siria	Suriye
Sudan	Sudan
Ucraina	Ukrayna
Uganda	Uganda

Piante
Bitkiler

Albero	Ağaç
Bacca	Dut
Bambù	Bambu
Botanica	Botanik
Cactus	Kaktüs
Cespuglio	Çali
Crescere	Büyümek
Edera	Sarmaşik
Erba	Ot
Fagiolo	Fasulye
Fertilizzante	Gübre
Fiore	Çiçek
Flora	Flora
Fogliame	Yeşillik
Foresta	Orman
Giardino	Bahçe
Muschio	Yosun
Petalo	Yaprak
Radice	Kök
Vegetazione	Bitki Örtüsü

Politica
Siyaset

Attivista	Aktivist
Campagna	Kampanya
Candidato	Aday
Comitato	Komite
Consiglio	Konsey
Etica	Etik
Governo	Hükümet
Libertà	Özgürlük
Nazionale	Ulusal
Opinione	Görüş
Politica	Politika
Politico	Politikaci
Popolarità	Popülerlik
Scelta	Seçim
Strategia	Strateji
Tasse	Vergi
Uguaglianza	Eşitlik
Vittoria	Zafer

Professioni #1
Meslekler #1

Allenatore	Koç
Ambasciatore	Büyükelçi
Artista	Sanatçi
Astronomo	Astronom
Avvocato	Avukat
Ballerino	Dansçi
Banchiere	Bankaci
Cacciatore	Avci
Cartografo	Haritaci
Editore	Editör
Farmacista	Eczaci
Geologo	Jeolog
Gioielliere	Kuyumcu
Idraulico	Tesisatçi
Infermiera	Hemşire
Marinaio	Denizci
Musicista	Müzisyen
Pianista	Piyanist
Psicologo	Psikolog
Veterinario	Veteriner

Professioni #2
Meslekler #2

Astronauta	Astronot
Bibliotecario	Kütüphane
Biologo	Biyolog
Chirurgo	Cerrah
Dentista	Dişçi
Detective	Dedektif
Filosofo	Filozof
Fotografo	Fotoğrafçi
Giardiniere	Bahçivan
Giornalista	Gazeteci
Illustratore	Çizer
Ingegnere	Mühendis
Insegnante	Öğretmen
Inventore	Mucit
Linguista	Dilbilimci
Medico	Doktor
Pilota	Pilot
Pittore	Ressam
Ricercatore	Araştirmaci
Zoologo	Zoolog

Psicologia
Psikoloji

Appuntamento	Randevu
Clinico	Klinik
Cognizione	Biliş
Comportamento	Davraniş
Conflitto	Çekişme
Ego	Ego
Emozioni	Duygular
Idee	Fikirler
Inconscio	Bilinçsiz
Infanzia	Çocukluk
Influenze	Etkiler
Pensieri	Düşünceler
Percezione	Algi
Personalità	Kişilik
Problema	Sorun
Realtà	Gerçeklik
Sensazione	His
Subconscio	Bilinçalti
Terapia	Terapi
Valutazione	Değerlendirme

Riempire
Doldurmak

Bacino	Havza
Barile	Fiçi
Borsa	Çanta
Bottiglia	Şişe
Busta	Zarf
Cartella	Klasör
Cartone	Karton
Cassa	Sandik
Cassetto	Çekmece
Cesto	Sepet
Pacchetto	Paket
Scatola	Kutu
Secchio	Kova
Tasca	Cep
Tubo	Tüp
Valigia	Bavul
Vasca	Küvet
Vaso	Vazo
Vassoio	Tepsi

Riscaldamento Globale
Küresel Isınma

Ambientale	Çevresel
Artico	Arktik
Clima	Iklim
Crisi	Kriz
Dati	Veri
Energia	Enerji
Futuro	Gelecek
Gas	Gaz
Generazioni	Nesiller
Governo	Hükümet
Industria	Endüstri
Internazionale	Uluslararasi
Legislazione	Mevzuat
Ora	Şimdi
Popolazioni	Nüfus
Ridurre	Azaltmak
Sviluppo	Gelişme
Temperature	Sicakliklar

Salute e Benessere #1
Sağlık ve Zindelik #1

Abitudine	Alişkanlik
Altezza	Yükseklik
Attivo	Etkin
Batteri	Bakteri
Clinica	Klinik
Fame	Açlik
Farmacia	Eczane
Frattura	Kirik
Medicina	İlaç
Medico	Doktor
Muscoli	Kaslar
Nervi	Sinirler
Ormoni	Hormon
Pelle	Cilt
Postura	Duruş
Riflesso	Refleks
Rilassamento	Rahatlama
Terapia	Terapi
Trattamento	Tedavi
Virus	Virüs

Salute e Benessere #2
Sağlık ve Zindelik #2

Allergia	Alerji
Anatomia	Anatomi
Appetito	Iştah
Caloria	Kalori
Corpo	Vücut
Dieta	Diyet
Digestione	Sindirim
Disidratazione	Susuzluk
Energia	Enerji
Genetica	Genetik
Igiene	Hijyen
Infezione	Enfeksiyon
Malattia	Hastalik
Massaggio	Masaj
Nutrizione	Beslenme
Ospedale	Hastane
Peso	Ağirlik
Sangue	Kan
Sano	Sağlikli
Vitamina	Vitamini

Scacchi
Satranç

Avversario	Rakip
Bianco	Beyaz
Campione	Şampiyon
Concorso	Yarişma
Diagonale	Çapraz
Giocatore	Oyuncu
Gioco	Oyun
Nero	Siyah
Passivo	Pasif
Per Imparare	Öğrenmek
Re	Kral
Regina	Kraliçe
Regole	Tüzük
Sacrificio	Kurban
Sfide	Zorluklar
Strategia	Strateji
Tempo	Zaman
Torneo	Turnuva

Scienza
Bilim

Atomo	Atom
Chimico	Kimyasal
Clima	Iklim
Dati	Veri
Esperimento	Deney
Evoluzione	Evrim
Fatto	Gerçek
Fisica	Fizik
Fossile	Fosil
Gravità	Yerçekimi
Ipotesi	Hipotez
Laboratorio	Laboratuvar
Metodo	Yöntem
Minerali	Mineraller
Molecole	Molekül
Natura	Doğa
Organismo	Organizma
Osservazione	Gözlem
Particelle	Parçaciklar
Piante	Bitkiler

Spezie
Baharat

Aglio	Sarimsak
Amaro	Aci
Anice	Anason
Cannella	Tarçin
Cardamomo	Kakule
Cipolla	Soğan
Coriandolo	Kişniş
Cumino	Kimyon
Curcuma	Zerdeçal
Curry	Köri
Dolce	Tatli
Finocchio	Rezene
Liquirizia	Meyan
Noce Moscata	Ceviz
Paprika	Kirmizi Biber
Pepe	Biber
Sale	Tuz
Vaniglia	Vanilya
Zafferano	Safran
Zenzero	Zencefil

Strumenti Musicali
Enstrüman

Arpa	Arp
Bacchette	Baget
Banjo	Banço
Chitarra	Gitar
Clarinetto	Klarnet
Fagotto	Fagot
Flauto	Flüt
Gong	Gong
Mandolino	Mandolin
Marimba	Marimba
Oboe	Obua
Percussione	Vurma
Pianoforte	Piyano
Sassofono	Saksafon
Tamburello	Tef
Tamburo	Davul
Tromba	Trompet
Trombone	Trombon
Violino	Keman
Violoncello	Çello

Tempo
Zaman

Anno	Yil
Annuale	Yillik
Calendario	Takvim
Decennio	On Yil
Dopo	Sonra
Futuro	Gelecek
Giorno	Gün
Ieri	Dün
Mattina	Sabah
Mese	Ay
Mezzogiorno	Öğle
Minuto	Dakika
Momento	An
Notte	Gece
Oggi	Bugün
Ora	Saat
Ora	Şimdi
Prima	Önce
Secolo	Yüzyil
Settimana	Hafta

Tipi di Capelli
Saç Tipleri

Argento	Gümüş
Asciutto	Kuru
Bianco	Beyaz
Biondo	Sarişin
Breve	Kisa
Calvo	Kel
Colorato	Renkli
Grigio	Gri
Intrecciato	Örgülü
Liscio	Düz
Lungo	Uzun
Marrone	Kahverengi
Morbido	Yumuşak
Nero	Siyah
Ondulato	Dalgali
Riccio	Kivircik
Sano	Sağlikli
Sottile	Ince
Spessore	Kalin
Trecce	Örgü

Uccelli
Kuşlar

Airone	Balikçil
Anatra	Ördek
Aquila	Kartal
Cicogna	Leylek
Cigno	Kuğu
Colomba	Güvercin
Cuculo	Guguk
Fenicottero	Flamingo
Gabbiano	Marti
Oca	Kaz
Pappagallo	Papağan
Passero	Serçe
Pavone	Tavus
Pellicano	Pelikan
Piccione	Güvercin
Pinguino	Penguen
Pollo	Tavuk
Struzzo	Devekuşu
Tucano	Tukan
Uovo	Yumurta

Universo
Evren

Astronomia	Astronomi
Astronomo	Astronom
Atmosfera	Atmosfer
Buio	Karanlik
Celeste	Göksel
Cielo	Gökyüzü
Cosmico	Kozmik
Emisfero	Yarimküre
Equatore	Ekvator
Galassia	Gökada
Latitudine	Enlem
Longitudine	Boylam
Luna	Ay
Orbita	Yörünge
Orizzonte	Ufuk
Solare	Güneş
Solstizio	Gündönümü
Telescopio	Teleskop
Visibile	Görünür
Zodiaco	Zodyak

Vacanze #2
Tatil #2

Aeroporto	Havalimani
Destinazione	Hedef
Foto	Fotoğraflar
Hotel	Otel
Isola	Ada
Mappa	Harita
Mare	Deniz
Montagne	Dağlar
Passaporto	Pasaport
Ristorante	Restoran
Spiaggia	Plaj
Straniero	Yabanci
Taxi	Taksi
Tempo Libero	Boş
Tenda	Çadir
Trasporto	Taşimacilik
Treno	Tren
Viaggio	Seyahat
Visto	Vize

Veicoli
Araçlar

Aereo	Uçak
Ambulanza	Ambulans
Auto	Araba
Autobus	Otobüs
Barca	Bot
Bicicletta	Bisiklet
Camion	Kamyon
Caravan	Kervan
Elicottero	Helikopter
Furgone	Van
Metropolitana	Metro
Motore	Motor
Pneumatici	Lastikler
Razzo	Roket
Sottomarino	Denizalti
Taxi	Taksi
Traghetto	Feribot
Trattore	Traktör
Treno	Tren
Zattera	Sal

Verdure
Sebzeler

Aglio	Sarimsak
Broccolo	Brokoli
Carciofo	Enginar
Carota	Havuç
Cetriolo	Salatalik
Cipolla	Soğan
Fungo	Mantar
Insalata	Salata
Melanzana	Patlican
Oliva	Zeytin
Patata	Patates
Pisello	Bezelye
Pomodoro	Domates
Prezzemolo	Maydanoz
Rapa	Şalgam
Ravanello	Turp
Sedano	Kereviz
Spinaci	Ispanak
Zenzero	Zencefil
Zucca	Kabak

Vestiti
Giyim

Abito	Elbise
Braccialetto	Bilezik
Calzini	Çorap
Camicetta	Bluz
Camicia	Gömlek
Cappello	Şapka
Cintura	Kemer
Collana	Kolye
Giacca	Ceket
Gonna	Etek
Grembiule	Önlük
Guanti	Eldivenler
Jeans	Kot
Maglione	Kazak
Moda	Moda
Pantaloni	Pantolon
Pigiama	Pijama
Sandali	Sandalet
Scarpa	Ayakkabi
Sciarpa	Eşarp

Congratulazioni

Ce l'hai fatta!

Speriamo che questo libro vi sia piaciuto tanto quanto a noi è piaciuto concepirlo. Ci sforziamo di creare libri della più alta qualità possibile.
Questa edizione è progettata per fornire un apprendimento intelligente, di qualità e divertente!

Le è piaciuto questo libro?

Una Semplice Richiesta

Questi libri esistono grazie alle recensioni che pubblicate.

Puoi aiutarci lasciando una recensione
ora a questo link ?

BestBooksActivity.com/Recensioni50

SFIDA FINALE!

Sfida n°1

Sei pronto per il tuo gioco gratuito? Li usiamo sempre, ma non sono così facili da trovare - ecco i **Sinonimi!**

Scrivi 5 parole che hai trovato nei puzzle (n° 21, n° 36, n° 76) e prova a trovare 2 sinonimi per ogni parola.

Scrivi 5 parole del **Puzzle 21**

Parole	Sinonimo 1	Sinonimo 2

Scrivi 5 parole del **Puzzle 36**

Parole	Sinonimo 1	Sinonimo 2

Scrivi 5 parole del **Puzzle 76**

Parole	Sinonimo 1	Sinonimo 2

Sfida n°2

Ora che ti sei riscaldato, scrivi 5 parole che hai trovato nei puzzle n° 9, n° 17 e n° 25 e cerca di trovare 2 contrari per ogni parola. Quanti ne puoi trovare in 20 minuti?

Scrivi 5 parole del **Puzzle 9**

Parole	Antonimo 1	Antonimo 2

Scrivi 5 parole del **Puzzle 17**

Parole	Antonimo 1	Antonimo 2

Scrivi 5 parole del **Puzzle 25**

Parole	Antonimo 1	Antonimo 2

Sfida n°3

Grande! Questa sfida non è niente per te!

Pronto per la sfida finale? Scegli 10 parole che hai scoperto nei diversi puzzle e scrivile qui sotto.

1.	6.
2.	7.
3.	8.
4.	9.
5.	10.

Ora scrivi un testo pensando a una persona, un animale o un luogo che ti piace.

Puoi usare l'ultima pagina di questo libro come bozza.

La tua composizione:

TACCUINO:

A PRESTO!

Tutta la Squadra

SCOPRIRE GIOCHI GRATIS

GO

↓

BESTACTIVITYBOOKS.COM/FREEGAMES

www.ingramcontent.com/pod-product-compliance
Lightning Source LLC
Chambersburg PA
CBHW082051120626
46553CB00011B/3350